Margit Brauneder & Karin Buchart

Auf Vorrat

Natürlich einkochen, fermentieren und haltbar machen

Mit Fotos von Michael Brauer

Servus

VORWORT

Es war vor mehr als 20 Jahren, als wir beide uns zum ersten Mal persönlich getroffen haben. Flüchtig kannten wir uns von Veranstaltungen und Projekten. Die erste Begegnung war in der HBLW Saalfelden, wo wir uns als Lehrerin und als Mutter einer Schülerin begegneten. Die Schulthemen waren schnell abgehandelt, bald folgte der für uns beide spannende Teil: Von Nährstoffen, Sekundären Pflanzenstoffen und Nahrungsmittelallergien war die Rede.

Seit dieser Zeit sind wir in engem Austausch, den wir beide wie eine Art individuelles fachliches Coaching empfinden. Die Sichtweise von vertrauten Kolleginnen und Kollegen ist Gold wert! Etwa bei der Entstehung der Idee einer Heilwissenserhebung im Pinzgau im Jahr 2003 oder dem Bau eines Brotbackofens auf dem Schulgelände im Jahr 2016. Das Wissen rund um die Entwicklung von Bildungsangeboten kombiniert mit ernährungswissenschaftlichen Tiefblicken ergab eine Reihe an innovativen Produkten. Die Lieblingsbeschäftigung der einen ist nach eigenen Angaben das „Pfandeln", womit sie fröhliche Kocheleien auf hohem Niveau meint, und die andere kann nicht genug bekommen von Experimentierreihen zu Pflanzenwirkstoffen und lässt ihren Arbeitsraum mit kleinen, bunten Auszügen überquellen.

Im Jahr 2012 arbeiteten wir offiziell als Studentin und Lehrbeauftragte an der Universität Salzburg zusammen. Margit schrieb ihre Masterarbeit über „Essen und Trinken im Innergebirg" im Bereich Gastrosophische Wissenschaften, die von Karin betreut wurde.

Ein Projekt im Jahr 2019, das uns bis heute in besonderer Art und Weise verbindet, stieß die Überlegungen zu diesem Buch an: die Almwoche. Wir zogen mit nur zehn verschiedenen Lebensmitteln aus und richteten uns damit in einer Almhütte ein. Nun hieß es haushalten und improvisieren, sammeln und suchen, um die Woche durchzuhalten. Erfahrung und Glück trafen zusammen. Der Sauerteig aus Roggenmehl und Wasser lebte an diesen heißen Sommertagen schnell auf und bereits am dritten Tag konnte gebacken werden. Die Himbeerblätter fermentierten vor sich hin und setzten am vierten Tag ein wundervolles Aroma frei. Natürlich sprach sich auf der Alm herum, dass wir beide uns selbst mit spärlichem Vorrat ausgesetzt hatten. Die Hilfsbereitschaft der Gebirgler war groß, sodass am Ende der Almwoche mehr Lebensmittel in der Hütte waren als zu Beginn.

Unsere Kolleg:innen sind die zentralen Wegbegleiter:innen, mit denen wir stets in intensivem Austausch stehen. Doch auch die vielen Gedanken von Seminarteilnehmer:innen und Schüler:innen, die uns über die Jahre zugetragen wurden, sind Teil unserer Überlegungen und unserer Experimente. Tipps bekamen wir von Nachbarn und Freund:innen genauso wie bei flüchtigen Begegnungen. Die Rückmeldungen unserer Familien waren oft erfrischend ehrlich: „Das Gleiche haben wir früher den Hendln gefüttert“ oder „Bitte keine grauen Grießnockerl“ oder „Mama, kannst du nicht einfach Vanillekipferl machen wie alle anderen Mamas auch?“ als Reaktion auf die grünen Kürbiskernkipferl der 90er-Jahre. Schmeicheleien dazwischen wie „Ich liebe deinen Vorratskeller“ haben uns dann wieder viel Energie zurückgegeben!

Heute, am Übergang zum Pensionsalter, erfahren wir mehr geistige Freiheit und dazu sogar noch die nötige Zeit, um zu tüfteln. Das gibt den Themen Ernährung, Kochen und Essen für uns eine neue Qualität. Wir hoffen, unsere Begeisterung mit unserem Buch *Auf Vorrat* an unsere Leserinnen und Leser und alle Köchinnen und Köche weitergeben zu können. Genauso wie die Faszination darüber, wenn Rezepte neue und überraschende Aromen freisetzen, wenn womöglich die eigene Ernte in Wert gesetzt wird oder wenn an kalten, trüben Wintertagen das Vorratsglas an die Sommersonne erinnert.

Margit Brauneder & Karin Buchart
Sommer 2023

INHALT

REZEPTE

LEGENDE

Tipps & Tricks

Gesundheit, Wohlbefinden & Mikrobiom

Kulinarisches & Serviertipps

Küchen-Biochemie

Geschichte & Geschichten

EINLEITUNG

Die ressourcenschonende Lagerung ohne Strom gewinnt immer mehr an Bedeutung. Wer hätte vor einigen Jahren daran gedacht, dass Energie knapp werden oder im schlimmsten Fall sogar vorübergehend ausfallen könnte? Getrocknetes, das stets trocken gelagert wird, oder Fermentiertes, das einigermaßen kühl im Regal steht, kann Jahre überdauern. Hier ist uns wichtig, darauf hinzuweisen, dass ein großer Unterschied zwischen empfohlenem Verbrauch und Haltbarkeit besteht: Viele Vorratsgläser sind über Jahre genießbar, dennoch sollte das Ende der Lagerung immer mit der nächsten Ernte einhergehen.

Der eigene Vorrat hat noch einen weiteren gewichtigen Vorteil: Er ist frei von Konservierungsmitteln. In einer Zeit, die das Mikrobiom und die Darmgesundheit vermehrt in den Fokus nimmt, ist das bedeutend. Denn Konservierungsmittel stören die Mikroben beim Wachsen und Vermehren.

Diese naturbelassenen eingemachten Gläser erinnern viele von uns an den Geschmack der Kindheit, der sich tief in uns festgesetzt hat. Spannend ist dabei das Erfahrungswissen aus vielen Regionen, das, was jene herausgefunden haben, die ihr Leben lang Vorräte angelegt haben: Es sind oft ganz kleine praktische Kniffe, die das Vorratsglas haltbarer und schmackhafter machen. Deshalb haben wir immer genau hingehört, wenn uns von Stehzeiten („das kannst du über Nacht stehen lassen"), Orten („am besten stellst du das ein paar Tage ins Vorhaus") und Materialien („da nehme ich immer einen Emailletopf") erzählt wurde.

Wir verwenden so wenig Technik wie möglich und so viel wie nötig. Unser Motto in der Vorratshaltung ist die Einfachheit: verfügbare Zutaten, schnelle und alltagstaugliche Zubereitung, Lagerung möglichst ohne Kühlschrank und ohne Verbrauch von weiterer Energie sowie Tipps und Tricks, wozu der Inhalt des Vorratsglases gut schmeckt und gut passt. Das Regal mit dem selbst gemachten Vorrat muss in Bewegung bleiben. Befüllen und verspeisen, so pulsiert es im Jahreskreis. Im besten Fall ist es im Frühsommer fast leer und bereit, Neues aufzunehmen. Einige technische Hilfsmittel beschreiben wir dennoch, weil sie die Vorratshaltung so sehr erleichtern, dass sie in der heutigen Zeit überhaupt erst interessant für den Alltag sein kann. Zum Mixen, Zerkleinern oder Pulverisieren verwenden wir deshalb eine Küchenmaschine oder eine Kräutermühle.

Es gibt zwei sehr unterschiedliche Möglichkeiten, Lebensmittel haltbar zu machen. In jedem Fall spielen Mikroorganismen eine wichtige Rolle, die für den Erhalt und das Verderben hauptverantwortlich sind. Einerseits kann der Versuch unternommen werden, alle Mikroben zu vertreiben. Bei einigen Methoden, etwa beim Einsalzen oder bei Essigauszügen, funktioniert das auch recht gut. Doch dabei besteht ein ständiger Kampf zwischen Desinfektion und Wiederbesiedelung.

Die zweite Methode ist die friedlichere. Man lässt die Mikroben gewähren, ja, man fördert sogar ihr Wachstum und ihre Vermehrung. Die Kunst dabei ist, ein richtiges Wohlfühlklima für die erwünschten Mikroorganismen zu erzeugen. Es wird gesäuert, gefüttert und temperiert. Man muss wissen, wie diejenigen es gerne haben, die angesiedelt werden sollen. Wie warm mögen sie es, was essen sie am liebsten und bei welchem pH-Wert leben sie auf?

Bei dieser zweiten Methode handelt es sich um das Fermentieren. Heute werden Umsetzungen mit und ohne Luft als Fermentationen bezeichnet. Wenn einmal eine gute Gemeinschaft an Mikroben entstanden ist, wird sie gehütet und gepflegt. Denn je länger sie zusammenlebt, desto stärker wird sie und irgendwann scheint sie fast unsterblich zu sein. Das sind dann jene Sauerteige und Essigmütter, die fast ohne Fürsorge kräftig vor sich hin blubbern.

Die Erntezeit bringt oft große Mengen an vollreifem Gemüse und Obst. Zum Essen zu viel, für die Gefriertruhe auch. Genau dann sind einfache, schnelle und aromenfördernde Methoden zur Haltbarmachung gefragt.

Am allermeisten haben uns bei diesem Vorgang die Kleinstlebewesen fasziniert: Kein Wunder, dass derzeit alles fermentiert wird, was irgendwie organisch ist –, auch Schalen, Strünke und Teile, die in früheren Zeiten kompostiert wurden oder im besten Fall als Futter für Hühner oder Schweine dienten. Heute entdecken wir, dass genau auf diesen Teilen viele erwünschte Mikroorganismen sitzen, die hier viele Sekundäre Pflanzenstoffe finden, an denen sie knabbern können. Je höher die Vielfalt der Mikroben ist, desto faszinierender sind die Aromen. Die kleinen Wesen werken und zerlegen pausenlos organische Stoffe und lassen völlig überraschende Geschmackswelten entstehen. Dabei können Nase und Gaumen beinahe bei jeder Fermentation neue Nuancen entdecken.

Gemüse, Obst und Kräuter für die Vorratshaltung kommen möglichst direkt vom Feld oder aus dem Garten. Selbst gezogen oder von der Bäuerin gekauft – bei uns gibt es überall Möglichkeiten, die Basis für unsere Vorräte aus der Umgebung zu bekommen. Wenn es im Garten oder auf dem Markt üppig wuchert, ist der beste Zeitpunkt zum Einmachen. Aber auch außerhalb dieser Hochsaison finden wir in der Natur eine Vielfalt für unser Werken – von März bis November, vom Bärlauch bis zum Weißkraut.

Basiswissen zur Vorratshaltung

Wir haben gute Zeiten und können es uns leisten, nur ausgereifte und tadellose Früchte, Gemüse und Kräuter als Vorrat anzulegen – Streuobst, frische Kräuter aus dem Garten und Gemüsesorten, inklusive alter Sorten und neuer Züchtungen, in Hülle und Fülle aus dem Eigenbau oder von regionalen Märkten sind leicht zu bekommen. All diese Zutaten machen unser Vorratsregal zum Feinkostmarkt in der eigenen Wohnung. Und je frischer sie verarbeitet werden, desto besser.

Es gibt zwei grundlegende Strategien, um Lebensmittel haltbar zu machen. Die erste Möglichkeit besteht darin, den Mikroorganismen das Leben so schwer wie möglich zu machen. Dazu müssen wir sie stark erhitzen oder ganz viel Salz, Zucker oder Alkohol verwenden und die so behandelten Zubereitungen möglichst schnell und möglichst keimfrei ins Glas bekommen. Völlig keimfrei geht natürlich nicht, deshalb bleibt hier immer die Frage, welche Gruppen von Mikroben doch noch schnell mit hineingerutscht sind. Die zweite Möglichkeit ist die lebendige Haltbarmachung, die mit Fermentation arbeitet. Hier wird alles dafür getan, um den guten und erwünschten Mikroben das Leben angenehm zu gestalten: die richtige Wärme, die richtige Säure und ein kleiner Salzgehalt, Zucker oder andere Kohlenhydrate als Futter und vielleicht noch ein paar duftende Gewürze.

MATERIALIEN, TÖPFE UND GLÄSER

Materialien spielen eine wichtige Rolle, wenn es um das Wohlbefinden von Bakterien geht. Sie können desinfizierend wirken (wie etwa Kupfer), sie können sich ziemlich neutral verhalten (Keramik, Glas, Edelstahl) und sie können die Vermehrung der Mikroorganismen fördern (unsaubere Gefäße, einige Kunststoffe).

Keramik, Glas und Edelstahl sind „inert", das heißt, sie reagieren kaum mit dem Inhalt, geben kaum Substanzen an die Lebensmittel ab und lassen auch die Mikroorganismen in Ruhe. Diesen Materialien tun auch Säuren nichts, sie lassen sich davon nicht angreifen. Aus Kunststoffen können etwa Weichmacher herausgelöst werden, die dann in unseren Vorräten landen. Dabei ist immer auch auf die Deckel zu achten, die auf der Innenseite unterschiedliche Beschichtungen haben. Jene mit einem dunkelblauen Dichtungsring an der Innenseite sind frei von PVC (Polyvinylchlorid) und besonders für Kaltabfüllungen geeignet, auch für fermentierte Zubereitungen und Essigauszüge. Joghurtgläser sind an Säuren gewöhnt und meistens gut für Fermentationen geeignet. Am allerbesten sind Drahtbügelgläser oder andere Gläser mit Glasdeckel und Gummiring. Sie haben auch noch den Vorteil einer kleinen Fermentierkammer im oberen Bereich. Diesen Hohlraum braucht zum Beispiel der Prozess des Fermentierens von Gemüse. Sollte der Druck zu hoch werden, entweicht er über den Gummi, bevor das Glas explodiert. Beim Einkochen dagegen achten wir auf einen möglichst kleinen Luftraum im Glas. Nach dem Abkühlen soll das Einkochgut möglichst unverändert die Zeit überdauern.

Kupfer hat eine Sonderstellung in der Küche. Es mischt sich in den Kochvorgang ein, kann aber deshalb auch ganz gezielt eingesetzt werden. Pektine etwa gelieren stärker, wenn sie mit Kupfer in Berührung kommen. Deshalb haben Kupfertöpfe zum Marmeladekochen einen kleinen Vorteil (siehe Bezugsquellen).

Alle Töpfe, Gefäße, Gläser und was sonst noch alles benötigt wird, müssen sehr sauber sein. Gefäße, Gummidichtungen und Deckel dürfen keine Beschädigungen aufweisen. Die Größe der Gläser zum Einmachen und Fermentieren orientiert sich am Haushalt. Im Zweifelsfall sind kleinere Gläser von Vorteil.

Kochlöffel aus Holz verwenden wir gerne, allerdings nehmen diese Fremdgerüche an. Wir brauchen also jeweils einen eigenen Kochlöffel für pikante und süße Köcheleien.

SCHNEIDBRETTER, MESSER UND TRICHTER

Das Schneidbrett ist aus Holz. Holz ist selbst ein lebendiges Material und es redet mit, wenn das Kraut oder die Karotten darauf geschnitten werden. Ganz winzig kleine Mengen an Harzen desinfizieren die Schneidfläche. Das ist eine Stärke, die kein Kunststoffbrett übernehmen kann. Außerdem mag das Messer das Holzbrett gerne, es ist nachgiebig beim Schneiden. Wenn wir nach den überlieferten Küchenregeln gehen, ist Ahorn die beste Holzart für ein Schneidbrett. Auch Margits Vater hat das immer betont. Ahornholz ist feinporig und hat einen hohen Gehalt an Gerbsäure. Diese wiederum wirkt antibakteriell. Nicht von ungefähr ist Ahorn auch die klassische Holzart für Tischplatten bei Bauerntischen.

Trichter aus Edelstahl oder Glas helfen beim Abfüllen in verschiedene Gläser und Flaschen. Auch ein Trichter mit weiter Öffnung ist sehr praktisch, weil er Weithalsflaschen wie zum Beispiel leere Milchflaschen gut befüllt. Aus diesen können die Ansatzreste auch leichter entfernt werden.

LAGERUNG UND HALTBARKEIT

Die wertvollen Vorräte werden in helle Gläser gefüllt. So kann der Inhalt jederzeit inspiziert werden. Die besten Lagerungsbedingungen sind je nach Zubereitung recht unterschiedlich. Es ist aber immer von Vorteil, die Gläser dunkel zu lagern. Dazu braucht man nicht unbedingt einen Schrank, es gibt viele kreative Möglichkeiten: Ein abgeschnittenes Hosenbein oder der Ärmel von einem Shirt tut es auch. Vieles verträgt Zimmertemperatur, dennoch ist ein kühler Platz ohne Sonne fast immer von Vorteil.

Getrocknetes, Salze und Zucker brauchen zudem eine trockene Lagerung. Die größte Gefahr für Schimmel und anderen Verderb besteht meistens in den ersten Wochen.

Unsere Vorräte halten unterschiedlich lange. Das hängt von den Zutaten ab, davon wie sauber die Materialien waren und welche Mikroorganismen eventuell hineingerutscht sind. Zudem stellt sich auch immer die Frage, wie lange der Vorrat aromatisch vorzüglich schmeckt und wie lange er genießbar (nicht verdorben) ist. Ein Kräutersalz, dessen Kräuter verblichen sind, schmeckt zwar weniger gut, kann aber immer noch verwendet werden – zumindest zum bloßen Salzen. Unser größter Vorteil ist, dass wir genau wissen, wie die selbst gemachten Vorräte riechen und schmecken sollen. So brauchen wir einfach nur Vertrauen in unseren Geruchs- und Geschmackssinn!

Orientierungen zu Lagerung und Haltbarkeit

Vorrat	dunkel	trocken	kühl 8–18 °C	gekühlt 0–8 °C	Empfohlener Verbrauch	Haltbarkeit/ Genießbarkeit
fermentiertes Gemüse	x		x		6 Monate[1]	jahrelang
in Essig eingelegt	x				1 Jahr	jahrelang
Essigauszug	x				8 Monate	jahrelang
Sauerhonig	x				6 Monate[1]	12 Monate
Shrub	x			x	2 Wochen	4 Wochen
Kombucha				x	2 Wochen	
Wasserkefir				x	2 Wochen	
Brottrunk (Kwas)	x		x		6 Monate	jahrelang
Sprudel fermentiert				x	1 Woche	
Kräutersalz	x	x			2 Jahre	jahrelang
Salzpaste	x			x	4 Monate	
Soleauszug					4 Monate	1 Jahr
Marmelade			x		1 Jahr	jahrelang
Sterilisiertes	x		x		2 Jahre	jahrelang
Sirup	x				8 Monate[3]	jahrelang
Kräuterzucker	x	x			2 Jahre	jahrelang
Zuckerpaste/ Eingezuckertes	x			x	4 Monate	
Chutney	x		x		3 Jahre	jahrelang
Senf, Ketchup	x			x	12–18 Monate	
Kompott			x		2 Jahre	jahrelang
Ölauszug	x				4–6 Monate	1 Jahr
Kräuterbutter				x	2 Monate	TK 1 Jahr
Ansatzschnaps	x				5 Jahre[2]	jahrelang[2]
Likör	x				2 Jahre[2]	jahrelang[2]
Weinauszug	x				4 Monate	1 Jahr
Getrocknetes	x	x			2 Jahre	jahrelang
Fruchtleder	x	x			2 Jahre	jahrelang
Kräutertee	x	x			2 Jahre	jahrelang

1 Ein halbes Jahr sind diese Zubereitungen schmackhaft, dann verlieren sie an Aroma, wenngleich sie jahrelang genießbar bleiben.

2 Ansatzschnäpse (zum Teil auch Liköre) haben eine Sonderstellung: Ihr Aroma verändert sich während des Lagerns meistens zum Guten.

3 Die Haltbarkeit von Sirupen hängt von der Zubereitungsart ab: Lang gekochte oder fermentierte Sirupe sind viel stabiler als kalt ausgezogene.

Basiswissen zum Handwerk der Vorratshaltung

FERMENTIEREN VON GEMÜSE, OBST UND KRÄUTERN

Die Beherrschung des Feuers wurde einst als bedeutendster Schritt in der Menschheitsgeschichte dargestellt. Doch Kochen und Fermentieren sind verwandt. Es sind Küchenhandwerke, die Lebensmittel in eine genießbare und genussvolle Form bringen, sie verdaulicher und die Nährstoffe verfügbarer machen. Die Fermentation allerdings hat noch einen wertvollen Vorteil: Sie bringt die Mikroorganismen in Einklang und damit werden Lebensmittel haltbar. Einklang über viele Jahre – das füllt unsere Vorratskammer, ohne Ressourcen wie Strom zu verbrauchen! Möglichweise ist sogar die Beherrschung der Mikroben, also das Fermentieren, der wichtigste Schritt der Menschheitsgeschichte?

Seit mehr als drei Milliarden Jahren besiedeln die Mikroorganismen die Erde. Seit ebenso langer Zeit klügeln sie gefinkelte Überlebensstrategien aus. Sie sind innovativ und anpassungsfähig. Ihr Charakteristikum ist ständiger Aufbau und Abbau von organischer Substanz, was den Kreislauf in unserer Natur erst ermöglicht.

Seit schätzungsweise 13 000 Jahren werden Lebensmittel bewusst fermentiert, um sie länger haltbar zu machen. Durch den Nebeneffekt der guten Aromen, die beim Fermentieren entstehen, wurden sie stets weiter verfeinert.

Louis Pasteur hat vor mehr als 150 Jahren entdeckt, wie Bakterien Kohlenhydrate in Alkohol verwandeln, wenn sie keinen Sauerstoff erwischen. Für lange Zeiten galten deshalb nur sauerstofffreie Umsetzungen als Fermentation. Heute zählen wir viele Prozesse, bei denen erwünschte Mikroben beteiligt sind, zu Fermentationen oder fermentationsähnlichen Vorgängen, etwa die offene Essiggärung oder getrocknete Lebensmittel.

Fermentierte Lebensmittel sind regional beimpft mit Mikroben. Sie spiegeln die mikrobielle Besiedelung des eigenen Küchen- und Wohnbereichs wider. Je nach Klima, Temperatur, Luftfeuchtigkeit, Materialien in der Küche und Lebensmittelauswahl lassen sich Mikroben in der Zubereitung nieder und vermehren sich. Manchmal handelt es sich dabei um Kulturen, die in der eigenen Küche gar nicht wachsen würden.

Derzeit erfährt die Fermentation eine richtiggehende Renaissance. Vieles wird fermentiert und ausprobiert, und die Erlebnisse der neuen Aromen sind beeindruckend. Pikanter Geschmack, der vom Eiweißbaustein Glutaminsäure stark mitbestimmt wird, kann von Mikroben aus rohem Gemüse freigesetzt werden. Damit gewinnen vegane Zutaten ein rundes Umami-Aroma.

Lebensmittelauswahl

Fast alle Lebensmittel können in irgendeiner Form fermentiert werden. Allerdings haben einige den Vorteil, dass sie bereits viele gute Mikroben mitbringen, wie etwa biologisch produziertes Gemüse, Getreide, Obst, Pilze und Kräuter. Die Zutaten müssen unbedingt frei von Pflanzenschutzmitteln und Konservierungsstoffen sein, um die Vermehrung der guten Mikroben in Gang zu setzen.

Auch Fette und Öle können fermentiert werden. Sauerrahmbutter ist ein gutes Beispiel dafür. Manchmal schafft man es auch, Nüssen einen wundervollen Duft zu entlocken. Gleichzeitig besteht die Gefahr der Oxidation von Fettsäuren, wodurch das Endprodukt ranzig riecht.

Leicht sauer starten: Symbioselenkung

Der Start der Fermentation ist die sensible Phase. Schnell und in die richtige Richtung soll die Vermehrung der Mikroben gehen. Die wichtigsten erwünschten Bakterienkulturen wachsen gerne, wenn die Umgebung sauer ist. Ein pH-Wert zwischen 4 und 5 ist deshalb günstig. Wenn nicht mit säuerlichen Früchten o. Ä. gearbeitet wird, hilft etwas Säure beim Fermentationsstart. Deshalb kommt Zitronensaft in den Hollersprudel und den Brottrunk. Wir nennen diese bewusste Steuerung des Bakterienwachstums „Symbioselenkung“. Sie kann auch über die Temperatur, etwa durch eine 3-Phasen-Reifung wie beim Fermentieren (siehe S. 18), gesteuert werden. Die richtige Salzmenge beeinflusst das Mikrobenwachstum ebenfalls stark, sie sollte zwischen 1 und 3 Prozent liegen.

Das fertige Produkt muss aus zwei Gründen einen pH-Wert unter 3,5 haben. Zum einen sichert der Säuregehalt die Haltbarkeit und zum anderen können krankmachende Mikroorganismen wie zum Beispiel *Clostridium botulinum* nicht mehr überleben. Deshalb ist es wichtig, dass der Fermentationsprozess und damit die Säuerung abgeschlossen ist, wenn wir das milchsaure Gemüse essen.

Die Gemüseteile werden gehobelt, klein gewürfelt oder grob geraspelt. So bieten wir den Mikroben viel Oberfläche zum Ansiedeln und das Gemüse wird gut durchfermentiert. Ungünstige Pilze können sich dann nur schwer verbreiten. Die sensible Phase der Fermentation umfasst die ersten Stunden oder Tage. Zu diesem Zeitpunkt entscheidet sich, welche Kulturen Oberhand gewinnen und sich durchsetzen.

3-Phasen-Fermentation

Eine Milchsäuregärung im Gemüse, die über drei Temperaturphasen verläuft, hat einen großen Vorteil: Die probiotischen Kulturen sind besonders vielfältig und der Geschmack ist eindrucksvoll. Wer möchte, kann die Rezepte der Gemüsefermentationen mit dieser längeren Methode durchführen und wird aromatische Ergebnisse erhalten.

Das kommt ins Glas:

> Gemüse gehobelt oder klein gewürfelt
> 1–2 Prozent Salz oder 2-prozentige Salzlake
> Gewürze
> evtl. mit Molke beimpfen

Zum Befüllen der Gläser gibt es 2 Möglichkeiten:

> Variante 1 (trocken): 1–2 Prozent Salz werden zum trockenen Gemüse gegeben (1 gehäufter EL für ein 1-Liter-Glas) und geknetet, um Pflanzensaft herauszubekommen.
> Variante 2 (Salzlake): Eine 2-prozentige Salzlake (siehe rechte Seite) wird über das Gemüse gegossen.

Phase 1:

1 Woche bei Zimmertemperatur in der Küche

In dieser ersten Woche verarbeiten verschiedene Bakterienstämme aus der Küche den Sauerstoff, der noch im Glas steht. Sie produzieren Gase, was an der Schaumbildung erkennbar ist. Dafür ist auch der Hohlraum im Glas notwendig.

Phase 2:

2–4 Wochen bei rund 15 °C im Vorhaus oder auf der Kellerstiege

Jetzt setzen sich die Milchsäurebakterien durch und Säuerung sowie Geschmacksbildung beginnen.

Phase 3:

6 Wochen bei 0–10 °C im Keller oder einem anderen kalten Raum

Nun startet die letzte Phase der Milchsäurefermentation. Wenn keine Bläschen mehr im Glas aufsteigen, ist sie abgeschlossen.

Wer insgesamt 10–12 Wochen bis zur ersten Verkostung wartet, wird für seine Standhaftigkeit belohnt. Das Gemüse ist nun fertig fermentiert, bekömmlich und schmackhaft.

Salzlake: 1 EL Salz auf 1 Liter Wasser

Die einfachste Form der Symbioselenkung ist die Salzlake. Milchsäurebakterien schwimmen gerne in 1- bis 3-prozentigem Salzwasser. Für eine etwa 2-prozentige Salzlake einen gehäuften Esslöffel Steinsalz in eine Flasche geben, 250 ml heißes Wasser zum Auflösen des Salzes darübergießen und mit kaltem Wasser auffüllen.

Wer also einfach loslegt und Gemüse ohne Rezept fermentieren möchte, der übergießt das geschnipselte Gemüse mit der 2-prozentigen Salzlake, lässt oben 3 cm Luftraum, schraubt das Glas zu, wartet einige Wochen, fertig! Fast immer funktioniert diese simple Version des Fermentierens gut.

Pflanzensaft mit Salz: 1 EL Salz für ein 1-Liter-Glas

Die trockene Methode der Gemüsefermentation, die wir etwa vom Sauerkraut kennen, funktioniert ähnlich. Wieder brauchen wir 1 EL Steinsalz für ein 1-Liter-Glas. Wir salzen das Gemüse und kneten es, bis der Saft aus den Zellen kommt. Dann pressen wir die Gemüseschnipsel in das Glas, lassen oben wieder 3 cm Luftraum, beschweren es eventuell und verschließen es. Das Gemüse kann auch mit einem Wein- oder Johannisbeerblatt abgedeckt werden. Die Gerbsäure hält das Gemüse knackig.

Beschweren

Wir haben verschiedene Methoden ausprobiert, um das Gemüse unter die Lake zu tauchen. Gut funktioniert haben Kraut- und Chinakohlblätter mit starker Blattrippe, die in das Vorratsglas gezwängt werden. Sie geben allerdings ihr Aroma an das Gemüse ab. Kleine Glasdeckel von Rex-/Weckgläsern, kleine Keramikteile oder harte Steine (Granit) können ebenfalls verwendet werden. Je nachdem, wie das Gemüse zerkleinert ist, geht es oft auch ohne Beschwerung. Längs gehobelte Karotten etwa bleiben unter einem Weinblatt ganz gut untergetaucht.

Backslopping und Beimpfen

Ein Teelöffel Sauerkrautsaft enthält Billionen an Mikroorganismen. Gut vorstellbar, dass dieser Löffel Sauerkrautsaft die Milchsäurebakterien bei der Vermehrung unterstützt. Das Beimpfen zum Start einer neuen Fermentation wird auch „Backslopping" genannt. Es verschafft den guten Mikroben einen Startvorsprung. Bei offenen Fermentationen, die immer am gleichen Ort stattfinden, passiert über die Luft bereits ein gewisses Backslopping. Wir kennen das auch von Joghurt, Sauerteig oder Essig. Mit einer kleinen Menge – etwa eine Tasse fertiger Essig oder fertiger Kombucha – bringen wir eine riesige Menge an Mikroben in die nächste Generation. Die erwünschten Kulturen haben dann einen so großen Startvorteil, dass andere, unerwünschte verdrängt werden. Die Fermentation ist somit gesichert.

Offene oder geschlossene Fermentationen

Ob wir den Most mit einem Gäraufsatz versehen und ihm damit den Sauerstoff wegnehmen oder das Essigfass nur mit einem Tuch zudecken, ist sehr entscheidend für die Fermentation. Manche Kulturen, etwa die Hefen der alkoholischen Gärung, sind anaerobe Mikroben, die ohne Sauerstoff arbeiten. Wenn später der Alkohol aus dem Most in Essig umgebaut werden soll, braucht es dazu den Sauerstoff. Essigbakterien sitzen auf ihrem Essigmutter-Schiff, um zu atmen. Auch die Mikroben des Scoby im Kombucha brauchen Luft, im Gegensatz zur zweiten Fermentation des Kombuchas in der verschlossenen Flasche. Bei Kefir ist es nicht so eindeutig, er verträgt ein wenig Luft, arbeitet aber auch ohne sie.

Wir haben bei den Rezepten jeweils genau vermerkt, ob und wann die Zubereitung abgedeckt oder das Glas zugeschraubt werden soll.

Die Gemüsefermentation läuft ohne Sauerstoff ab. Deshalb wird das Gemüse immer ins Glas gepresst und beschwert. Die Lake steht über dem Gemüse, so gelangt von außen keine Luft dazu. Wenn nur wenige Tage oder Wochen fermentiert wird, kommt der Deckel lose darauf, um das Kohlendioxid entweichen zu lassen. Wer eine 3-Phasen-Fermentation mit längerer Dauer und verschiedenen Temperaturen durchführt, kann fest zuschrauben. Zwischenzeitlich entsteht zwar Druck im Glas, der baut sich jedoch mit der Zeit wieder ab.

Was kann beim Fermentieren schiefgehen?

Die Fermentation startet nicht.

> Das Grundprodukt, z. B. Obst, ist nicht ausgereift.
> Die Temperatur könnte für die jeweilige Kultur zu niedrig oder zu hoch sein.
> Die Mikroorganismen sind durch zu starke Erhitzung nicht mehr lebendig oder die Starterkultur ist zu alt.
> Die verwendeten Zutaten sind mit Schimmelpilzen, Fremdhefen o. Ä. kontaminiert.
> Das Fermentiergut „schwimmt auf“ und ist nicht mit ausreichend Lake bedeckt.

Die fermentierte Zubereitung ist zu sauer.

Wenn Kombucha oder Kefir zu lange fermentiert werden, sind sie zu sauer. Der Sauerteig übersäuert durch einen zu hohen Essigsäureanteil, möglicherweise durch eine offene Essiggärung in der Nähe. Zu wenig Säure lockt Hefen an, zu viel Säure kann möglicherweise die Fermentation zum Erliegen bringen.

Das Aroma ist zu schwach.

Erst gegen Ende der Fermentation erreicht das Aroma seine wirkliche Kraft. Wenn die Menge an Aromazutaten oder die Menge an Gewürzen zu gering ist, kann das Aroma auch zu schwach sein.

Es bilden sich Schimmel oder unerwünschte Hefen.

Wenn der Wassergehalt bei Gemüse und Obst recht hoch ist, steigt die Schimmelgefahr durch den Verdünnungseffekt. Genauso verhält es sich, wenn Gewürze aufschwimmen und aus der Lake herausragen. Deshalb ist es von Vorteil, wenn die Gewürze ganz unten am Boden liegen.

Die blasenschlagende, samtige Kahmhefe kann sich bei Temperaturen von über 25 °C und bei offener Fermentation bilden. Sie verändert den Geschmack, ist jedoch nicht gesundheitsschädlich. Manchmal zeigt sich die Kahmhefe auch als feine Haut an der Oberfläche und ist schwer von einer Essigmutter oder einem Scoby zu unterscheiden. Dann muss abgewartet werden, wie sich diese Haut und der Geschmack entwickeln. Wenn die Fermentation zu langsam startet und noch wenig Säuren vorhanden sind, ist die Schimmelgefahr am höchsten.

Kreuzkontaminationen

Wenn mehrere, vor allem offene Fermentationen in örtlicher Nähe ablaufen, kann es zu Vermischungen der Kulturen kommen. Wenn allerdings für die jeweilige Kultur gute Lebensbedingungen geschaffen werden und die Gemeinschaft aus Bakterien und Hefen stark ist, wird die Fermentation dennoch funktionieren.

Gesundheitliche Wirkungen von fermentierten Lebensmitteln

Lebendige Mikroben

Unerhitzte fermentierte Lebensmittel bringen eine Unzahl und Vielfalt an Mikroorganismen mit. Wenn wir mit diesen lebendigen Lebensmitteln hantieren und werken, kommen wir intensiv mit ihnen in Kontakt: Sie setzen sich auf die Haut, lassen sich in Mund und Hals nieder und gelangen in die Lunge. Sie hüllen uns ein und kümmern sich um uns. Ein Teil der lebenden Mikroben schafft es sogar durch den sauren Magen und weiter bis in den Dickdarm, sie übernehmen dort praktisch einen Teil der Verdauungsarbeit. Denn sie zerlegen Lebensmittel und setzen Aromen frei. Unsere Speisen sind dadurch schmackhafter und bekömmlicher. Nährstoffe, die tief in den Lebensmitteln stecken und zum Teil sehr festgebunden sind, werden freigesetzt und können ins Blut aufgenommen werden. Ebenso verhält es sich mit vielen Sekundären Pflanzenstoffen. Manche Nährstoffe wie die Vitamine B12 und C produzieren Bakterien selbst.

Ziemlich große Mengen an Mikroben werden regelmäßig mit dem Stuhlgang wieder ausgeschieden, fast ein Drittel seines Gewichtes. Vermehren und nachfüllen ist deshalb gefragt!

Wilde und ungezähmte Mikroben

Wer zu Hause fermentiert, fängt die wilden Mikroben aus seinem Wohnbereich ein. Jedes fermentierte Vorratsglas bekommt damit einen einzigartigen Mikrobenabdruck und enthält eine unbeschreibliche Vielfalt an Kleinstlebewesen – und jedes Glas schmeckt jedes Mal anders. Das tut unserem Mikrobiom gut!

Ansäuern

Milchsäurebakterien schaffen sich selbst einen angenehmen Lebensraum. Sie mögen es leicht sauer. Sie scheiden organische Säuren aus und senken damit den pH-Wert ab. Dadurch locken sie weitere Bakterien an, die sich gerne niederlassen.

Umbauen und Abbauen

Während der Fermentation werden Pflanzeninhaltsstoffe wie etwa die Chlorogensäure umgebaut. Aus ihr entstehen Kaffee- und Chinasäure, die antioxidativ wirken. Schwer verdauliche Kohlenhydrate, sogenannte FODMAPs (*Fermentable Oligo-, Di- and Monosaccharides and Polyols*), werden während der Fermentation in leichter verdauliche Zucker umgebaut. Die Um- und Abbaumaßnahmen der Mikroben sind umfangreich, dadurch nehmen oft sogar Unverträglichkeiten ab.

Immunkraft
Die Grenzflächen unseres Körpers auf der Haut und auf den Schleimhäuten werden von einer bunten Kolonie an Mikroorganismen bewacht. Sie lassen lebensnotwendige Substanzen durch und halten andere fern, damit sind sie ein wichtiger Teil des Immunsystems. Die Mikrobenbesiedelung darf keine Schwachstellen haben.

Darm-Hirn-Achse
Darm und Gehirn sind in ständigem Austausch in beide Richtungen. Die Stimmung wird dadurch beeinflusst.

Bacteriocine
Die Mikroben in den fermentierten Lebensmitteln scheiden Substanzen aus, die „Bacteriocine" genannt werden. Diese Substanzen hemmen manche ungünstigen Kulturen am Wachstum. Deshalb werden sie sogar als Biokonservierungsmittel eingesetzt: Nisin, Acidolin oder Lactobrevin sind Beispiele dafür. Milchsäurebakterien scheiden zudem kleine Mengen an Wasserstoffperoxid aus, das auch eine desinfizierende Wirkung hat. Zu guter Letzt kann unser Stoffwechsel auch noch Substanzen aus den Bakterien für sich selbst verwenden.

KOMBUCHA

Kombucha ist ein angenehmes, säuerliches und leicht moussierendes Getränk. Es ist gesundheitlich vorzüglich, weil es auf der Schleimhaut ein besonders gutes Milieu für das Mikrobiom schafft. Die zweite Fermentation bringt eine Vielfalt an Geschmacksrichtungen und macht Kombucha zum Dauergetränk. Er lässt sich nicht durch Spontanvergärung herstellen. Der Kombucha-Pilz, auch „Scoby" genannt, setzt sich aus Bakterien und Pilzen zusammen und muss zugesetzt werden. Er ist fest, hellbeige und geleeartig und schwimmt während der Fermentation meistens an der Oberfläche. Am Boden kann sich ein harmloser Bodensatz bilden, der einfach abgeseiht wird.

Wenn der Scoby gut gedeiht, wird er mit jeder Fermentationsphase dicker. Weiterverwendet wird jeweils die oberste, frischeste Schicht. Die zweite oder dritte Schicht ist meistens auch noch sehr aktiv und kann weitergegeben werden.

Kombucha-Zutaten 1. Fermentation

Für die 1. Fermentation von Kombucha brauchen wir 6 ZUTATEN

1. **Tee mit Gerbstoffen und wenig ätherischen Ölen**
2. **Kombucha-Pilz – Scoby**
3. **etwas fertigen Kombucha**
4. **Zucker als Energiequelle für die Bakterien und Pilze**
5. **angenehm warme Luft**
6. **Weithalsglas**

Der Tee

Schwarzer, Grüner und Weißer Tee oder Jasmintee eignen sich besonders gut zur Fermentation von Kombucha. Der Aufguss muss sehr heiß und lang sein. Das kochende Wasser holt, wenn es 15–20 Minuten auf die Teeblätter einwirkt, viele Gerbstoffe heraus. An diesen großen und sperrigen Molekülen knabbern die Mikroben des Scoby und setzen dabei Aromen frei.

Dafür wird ein starker Tee zubereitet: 3 Teebeutel oder 1 gehäufter EL offener Tee werden pro Liter aufgegossen. Auch Kräuter- und Früchtetees mit vielen Gerbstoffen und wenigen ätherischen Ölen wie Himbeerblätter, Brombeerblätter, Weidenröschen, getrocknete Heidelbeeren, Apfelschalen oder Hagebutten eignen sich für Kombucha. Aromen können aber auch durch die zweite Fermentation in den Kombucha gelangen.

Der Kombucha-Pilz – Scoby und Jun

Der Kombucha-Pilz wird auch „Symbiotic Colony of Bacteria and Yeast", abgekürzt „Scoby", genannt. Er besteht in der Hauptsache aus Hefepilzen (verschiedene *Saccharomyces*-Arten, *Torulasp., Pichiasp.*) und Bakterienarten (*Acetobakter-, Gluconobacter*-Arten u. a.). Diese Community aus Bakterien und Pilzen verzehrt den zugesetzten Zucker und bildet dabei mit den Ausscheidungsprodukten eine weißliche Schicht an der Oberfläche des Tees, die immer dicker wird. Es dauert ungefähr 4–7 Tage, bis die neue weiße Schicht sichtbar wird. Dieser neue Scoby, der keine dunklen Flecken zeigt, wird weiterverwendet. Etwas älterer Kombucha-Pilz kann je nach Zustand ebenfalls noch verwendet werden. Der Scoby verspeist den Zucker und scheidet Säuren aus: vorrangig Milchsäure, Essigsäure und Gluconsäure. Rund um den achten Tag der Fermentation, abhängig von der Temperatur, ist der Gluconsäuregehalt am höchsten. Die Hefen produzieren auch noch ein wenig Alkohol und bilden Kohlendioxid. Essigbakterien wiederum fressen den Alkohol und bilden Essigsäure und Gluconsäure. Zusätzlich bilden die Essigbakterien ein Floß aus Zellulose – das ist jene sichtbare, glitschige, helle Masse, auf dem sie sitzen können und gut Luft bekommen.

Kombucha, der Honig statt Zucker verzehrt, wird „Jun Kombucha" genannt. Solcher Kombucha hat einen etwas feineren Geschmack. Bei einer sofortigen Umstellung auf Honig funktioniert die Fermentation meistens nicht, weil Honig selbst eine leicht desinfizierende Wirkung hat. Der klassische Scoby kann jedoch langsam auf Honig umgewöhnt werden. So werden bei der nächsten Kombucha-Fermentation 20 g Honig und 60 g Rohrohrzucker pro Liter verwendet. In 3–4 Schritten entwickelt sich der Scoby zum Jun.

Fertiger Kombucha zum Beimpfen

Mit Backslopping – so wird das Beimpfen oft genannt – ist gemeint, dass eine kleine Menge des fertigen Kombuchas als Starthilfe für die nächste Fermentation verwendet wird.

Zucker

Er ist die Energiequelle für die Mikroben, deshalb muss es echter Zucker mit Glucose oder Saccharose sein. Normaler Haushaltszucker aus Zuckerrübe oder Zuckerrohr eignet sich gut, Rohrohrzucker sollte eher hell sein. Stevia, Zuckeraustauschstoffe (z. B. Sorbit, Xylit) und synthetische Süßstoffe (z. B. Acesulfam, Cyclamat) können keine Fermentation in Gang bringen, weil der Kombucha-Pilz daraus keine Energie gewinnen kann. Honig ist möglich, wenn der Scoby langsam daran gewöhnt wird.

Angenehm warme Luft

Die Bakterien im Kombucha, die sich vermehren sollen, brauchen angenehm warme Luft, am besten zwischen 20 und 28 °C. Sie wachsen bei Zimmertemperatur oder sogar etwas darüber am besten. Wichtig ist dabei, dass in der Nähe und im gleichen Raum keine weitere offene Fermentation läuft, weil sich die Kulturen sonst vermischen würden.

Weithalsglas

Als Gefäß für die Fermentation von Kombucha eignen sich Weithalsgläser oder Keramikgefäße mit einem Volumen von einem bis zu mehreren Litern, je nach gewünschter Menge. Oben wird der Behälter mit einem sauberen Tuch oder Filterpapier luftdurchlässig abgedeckt.

Kombucha 2. Fermentation

Für die 2. Fermentation von Kombucha brauchen wir Folgendes:

1. **fertigen Kombucha**
2. **Zutaten zur Aromatisierung**
3. **Luftabschluss**

Für die zweite Fermentation wird der fertige, abgeseihte Kombucha in eine 0,5- oder 1-Liter-Flasche gefüllt und mit Kräutern, Gewürzen, Früchten oder Mischungen daraus versetzt. Die Flasche wird bis ganz oben befüllt, um den Luftraum klein zu halten, und fest verschlossen. In den folgenden zwei Tagen fermentiert Kombucha ohne Sauerstoff weiter. Er bildet dabei Kohlendioxid und nimmt die Aromen der Zutaten auf. Es entsteht ein spritziges, säuerliches und schmackhaftes Getränk.

Drahtbügelflaschen mit Keramikverschlüssen eignen sich am besten, weil es hier keine Korrosion gibt und weil eventueller Überdruck entweichen kann. Sollten sehr viele kleine Perlen in der Flasche aufsteigen, kann die Flasche ganz kurz gelüftet werden. Zweimal fermentierter Kombucha wird in den nächsten Tagen genossen, im Kühlschrank hält er einige Tage.

Inhaltsstoffe von Kombucha

In Kombucha kommt eine interessante Kombination an pflanzlichen und mikrobiellen Enzymen zur Wirkung. Zuerst werden die Blätter der Teepflanze durch deren pflanzeneigene Enzyme fermentiert und anschließend arbeiten die Enzyme der Mikroben aus dem Teepilz.

Fertiger Kombucha ist sauer, er hat einen pH-Wert von etwa 2,5. Zu diesem Zeitpunkt wird seine gesundheitliche Wirkung am höchsten eingestuft. Der Gehalt an Koffein und an Fluoriden wird während der Fermentation reduziert. Obwohl im Kombucha organische Säuren entstehen und diese auch den angenehmen Geschmack ausmachen, wirkt er, wenn er in den Körper aufgenommen wird, basisch – genauso wie Essig oder Zitronensaft.

Selbst zubereiteter Kombucha hat den großen Vorteil, dass er am Ende der Fermentation nicht erhitzt wird. So kommen Billionen von Mikroben, die zum Teil aus der umgebenden Luft der eigenen Wohnung stammen, in aktiver Form in das Getränk. Sie machen den selbst gemachten Kombucha zum wertvollen Probiotikum. Kombucha hat zudem einen relativ hohen Gehalt an Polyphenolen, die stark antioxidativ wirken.

Alkohol im Kombucha

Kombucha enthält kleine Mengen Alkohol von etwa einem halben Prozent oder etwas mehr, das liegt im Bereich von Fruchtsäften oder alkoholfreiem Bier. Je höher der Zuckerzusatz, desto höher ist der Alkoholgehalt. Wenn nur 50–60 g Zucker pro Liter zugegeben werden, entsteht kaum Alkohol. Wenn Kombucha eher länger fermentiert, vermehren sich Essigbakterien, die den Alkohol verzehren. Auch das Abspülen des Scoby mit kaltem Wasser reduziert Hefezellen und damit den Alkoholgehalt. In der zweiten Fermentation wird die alkoholische Gärung mehr angeregt als in der ersten, weil diese ohne Luft in der verschlossenen Flasche passiert.

Kombucha-Hotel

Wenn eine Kombucha-Pause eingelegt wird, kommt der Scoby in ein „Kombucha-Hotel“ und kann dort mehrere Wochen ohne Pflege überdauern. Für dieses Kombucha-Hotel wird der Scoby genau gleich angesetzt wie für eine Kombucha-Fermentation. Die einzigen Unterschiede sind die Lagertemperatur und der feste Verschluss des Glases. Das Kombucha-Hotel steht im Keller oder an einem anderen kühlen Ort, wodurch es nur sehr langsam den vorhandenen Zucker umsetzt. 10–12 °C eignen sich dafür sehr gut, Kühlschranktemperatur geht auch, ist aber fast zu kalt. Auch wenn Kombucha zu sauer geworden ist, kann er dennoch neu angesetzt werden.

Kombucha-Essig

Wenn Kombucha einmal zu lange steht und sauer wird, kann er als Säuerungsmittel ähnlich wie Essig verwendet werden. Seine Säure ist weniger stechend als die des Essigs. Kombucha wird in eine Flasche mit wenig Luftraum gefüllt und gelagert.

Fehlgärungen

Dunkle Verfärbungen am Scoby werden abgetrennt und entsorgt. Wenn der Kombucha-Pilz allgemein an Kraft verliert und seine frische Farbe allmählich verschwindet, muss der ganze Scoby entsorgt werden.

WASSERKEFIR

Wasserkefir ist ein fermentiertes Getränk, das etwas prickelt und säuerlich schmeckt. Kefir wird unter Luftabschluss fermentiert, deshalb entsteht immer auch ein wenig Alkohol. Seine Entstehung dürfte sehr lange zurückliegen und kann nicht genau verfolgt werden. Die Zubereitung ist einfach und geht schnell, daher wird er zunehmend beliebter: Wasser, Zucker, Früchte und Kefirkristalle sind alles, was man dazu braucht!

Während Milchkefir den Milchzucker (Lactose) umsetzt, verzehrt der Wasserkefir den Fruchtzucker (Fructose) aus dem Rohrohrzucker der Früchte. Das Angebot an gesäuerten Milchprodukten in unseren Läden ist riesengroß und der Anteil der Menschen, die Milch meiden möchten, steigt an. Deshalb bietet sich Wasserkefir als fermentiertes, milchfreies Getränk an.

Die Wasserkefir-Kristalle sehen wie kleine, durchscheinende Blumenkohlröschen aus. Sie bestehen hauptsächlich aus Milchsäurebakterien, Essigbakterien und Hefen, die auf einem Gebilde aus Kohlenhydraten sitzen. Die Zusammensetzung ist jedoch immer unterschiedlich, abhängig von der Temperatur, der Fermentationszeit, den zugesetzten Früchten und dem Mikrobiom der Umgebungsluft. Jede offene Fermentation entwickelt eine sehr lokale Mikrobenzusammensetzung.

Die Wasserkefir-Kristalle 1. Fermentation

Die Wasserkefir-Kristalle sind wie der Kombucha-Pilz eine symbiotische Gemeinschaft von Bakterien und Hefen. Ein Bakterium, *Lactobacillus hilgardii*, bildet die gelartigen Kohlenhydrate, die dann als Kefirkristalle sichtbar werden. Unter vielen Namen wie „Tibicos", „Tibis", „Zuckerwasser-Kristalle", „Japankristalle" oder „Tibetische Kristalle" tauchen solche Kulturen auf, die Zuckerwasser fermentieren.

Interessant ist, dass Wasserkefir-Kristalle keinen Sauerstoff brauchen, es ihnen aber auch nichts ausmacht, wenn sie welchen bekommen. Ob offene oder geschlossene Fermentation, ist deshalb sekundär.

Dieser Scoby muss regelmäßig mit Fruchtzucker gefüttert werden. Er lässt sich Zucker und Früchte schmecken, vermehrt sich und scheidet Milchsäure, ein wenig Essigsäure, Kohlendioxid und etwas Alkohol aus.

Wer zum ersten Mal Wasserkefir zubereiten möchte, kann Kefirkristalle von guten Herstellern erwerben. Am Ende des Buches sind Bezugsquellen aufgelistet.

Das Wasser

Dem Kefir wird frisches Wasser mit einer Temperatur zwischen 20 und 25 °C zugesetzt. Dabei darf es hartes Wasser mit viel Kalzium sein, weil die Kefirkristalle einiges an diesem Mineralstoff brauchen. Wer nur sehr weiches Wasser zur Verfügung hat, kann eine Messerspitze Backpulver pro Liter Wasser dazu geben.

Die süße Energie

Wasserkefir braucht für seine Aktivitäten Fruchtzucker. Der ganz normale Haushaltszucker, die Saccharose (Rüben- und Rohrzucker), besteht ungefähr zur Hälfte aus Fruchtzucker und ist gut geeignet. Auch reiner Fruchtzucker (Fructose) kann verwendet werden. Rund 50 g Zucker, das sind ungefähr 2–3 EL, brauchen die Kefirkristalle pro Liter Wasser.

Dicksäfte aus säurearmen Früchten, etwa fructosereicher Birnendicksaft, aber auch Traubendicksaft, können ebenfalls gut verwendet werden. Erstaunlich gut hat unsere Fermentation mit Apfeltrester funktioniert. Die Mikroorganismen lieben die Süße und die Ballaststoffe aus dem Presskuchen, der bei der Apfelsaftherstellung anfällt. Wir verwenden das getrocknete Pulver (siehe Bezugsquellen).

Früchte

Früchte liefern nochmals Fructose, wenig Stickstoff und eine Vielfalt an Mikroben. Auf dem Trockenobst tummeln sich meistens noch viel mehr kleine Lebewesen als auf frischen Früchten. Entscheidende Voraussetzung ist allerdings: Das Trockenobst muss unbehandelt sein! Wenn es konserviert wurde, etwa mit Sulfiten, dann ist sein natürliches Mikrobiom stark beeinträchtigt und es verliert seine Kräfte für eine Fermentation.

Kefir

Wasserkefir
2. geschlossene Fermentation

Während der zweiten Fermentation wird der Kefir aromatisiert und noch spritziger. Die Aromen können aus Kräutern, Gewürzen, Früchten oder Gemüsen sowie Kombinationen daraus kommen. Nach der ersten Kefir-Fermentation, die häufig offen, nur mit einem Tuch bedeckt, abläuft, findet die zweite Fermentation in einer fest verschlossenen Flasche statt.

Wasserkefir-Hotel

Am liebsten schlafen die Kefirkristalle in einem Glas mit wenig Zucker, Datteln, Rosinen oder anderem Trockenobst. Sie haben es dann auch gerne kühl und können ruhig in den Kühlschrank gestellt werden. Wichtig ist jetzt, ein Gespür für die seltenen, aber doch notwenigen Mahlzeiten der schlafenden Kefirkristalle zu entwickeln. Ab und zu werden sie für 2 Tage aus dem Kühlschrank genommen und aufgeweckt. Sie bekommen wieder etwas Obst und ein wenig Zucker. Weniger gerne verbringen sie ihre arbeitsfreie Zeit tiefgekühlt oder getrocknet.

ESSIG MACHT VORRÄTE

Einlegen, Ausziehen, Sauerhonige und Shrubs

Heute zählen wir Essige ebenfalls zu den fermentierten Lebensmitteln. Bei den Essigzubereitungen wird allerdings keine zweite Fermentation angehängt. Wir nutzen hier die kraftvolle Säure, die er bereits mitbringt.

Essig macht Lebensmittel mit seiner Essigsäure haltbar. Sein niedriger pH-Wert von etwa 3,5 schafft ein Milieu, in dem keine Mikroorganismen mehr überleben. Der pure Essig ist aber viel zu stechend und sauer für uns, deshalb verdünnen wir ihn. Manchmal kochen wir ihn auch kurz auf, dann entweicht ein Teil seiner Essigsäure. Bei ungefähr 70 °C flüchtet sie – und mit ihr die stechende Note.

Wir können Lebensmittel, Gewürze und Kräuter in Essig einlegen, sie mit Essig ausziehen und vielleicht sogar anschließend noch einen Sauerhonig daraus herstellen. Auch Shrubs, süßsaure Getränke, nutzen meistens die Säure des Essigs.

Apfelessig oder Weinessig?

Egal welchen Essig wir nehmen, er muss natürlich vergoren sein. Meistens steht auf der Flasche „reiner Gärungsessig“. In der Zutatenliste sollte kein Konservierungsstoff wie etwa „Sulfit“ stehen.

Apfelessig, naturtrüb und biologisch, gibt es ohne Zusätze im Handel. Er ist nicht mit Süßmost abgerundet, weshalb er eine stärkere Auszugskraft hat, wenn wir die Aromen von Kräutern in den Essig bringen möchten. Oft entscheidet jedoch der Geschmack für den Weinessig, der sich etwas eleganter zurückhält.

In Essig einlegen

Gemüse in Essig einzulegen, verlangt eine Gratwanderung zwischen genügend Essigsäure für die Haltbarkeit und nicht zu viel Essigsäure für einen runden Geschmack. Für ein Glas Essiggemüse, das auch ohne Kühlschrank hält, brauchen wir 2,5 Prozent Essigsäure. Ab 2,8 oder 3 Prozent empfinden wir ihn schon als zu sauer. Wir haben zwei Schrauben, an denen wir dann drehen können: Wir geben Zucker oder Honig dazu, um den Geschmack in Richtung süßsauer zu bringen, oder wir kochen den Sud kurz auf, um einen Schwall an Säure loszuwerden. Die eingelegten Karotten, die selbst auch noch Süße mitbringen, schmecken in dieser Variante wirklich gut! Und was wären die kleinen Gurkerl ohne Essig?

Mit Essig ausziehen: Essigauszug oder Ansatzessig

Ob Kräuter, Gewürze, Früchte oder Gemüse, für Essigauszüge gibt es fast keine

Grenzen. Der Essig holt sich die fettlöslichen Aromastoffe und ist nicht mehr wiederzuerkennen. Wir geben einen kleinen Einblick in Zutatenkombinationen: Essige mit Tomate und Zimt, Zitrone und Schwarzem Pfeffer oder Himbeeren und Basilikum zeigen, wie sich die Aromen ergänzen. Hier steht der Experimentierfreude nichts im Wege!

Sauerhonig – Oxymel

Wenn sich zwei fermentierte Lebensmittel wie guter Essig und guter Honig treffen, entfalten die beiden zusammen einen wundervollen süßsauren Duft und Geschmack. Diese Mischung spricht unsere Sinne überwältigend an. Dies lässt eine physiologische Wirkung dahinter vermuten, die wir auch ganz leicht erklären können: Der saure Essig verschafft den Milchsäurebakterien auf der Schleimhaut ein Wohlfühlklima und der Honig liefert ihnen energiereichen Zucker. Sie vermehren sich, helfen bei der Verdauung und stärken die Barriere zwischen Außen- und Innenwelt.

Kräuter und Gewürze können dem Oxymel noch eine bittere und leicht scharfe Note verleihen. Das Aromenspektrum wird komplettiert und der verdünnte Sauerhonig zur beliebten Zutat in Suppen, Saucen und Marinaden oder zum erfrischenden, verdauungsfördernden Getränk.

In naturheilkundlichen Rezepten für Sauerhonig wird 1 Teil Essig mit 3 Teilen Honig gemischt. Das gilt hier nur als grober Anhaltspunkt. Die Mischungsverhältnisse werden nach Geschmack abgestimmt.

Shrubs

Shrubs sind Essiggetränke, die eine kurze Fermentation über 2 Tage durchmachen. Im Grundrezept für Shrubs sind etwa 2 Teile Früchte, 1 Teil Essig und 1–2 Teile Zucker (oder Honig). Die Originalrezepte sind ziemlich essigsauer, um die Haltbarkeit zu gewähren. Wer mit einer kürzeren Haltbarkeit oder einer gekühlten Lagerung einverstanden ist, wie in den folgenden Rezepten, kann die Essigmenge reduzieren. Die abgepresste Maische ergibt getrocknet oft einen beliebten Snack. Besonders die Karotten-Ingwer-Chips schmecken gut!

SALZ MACHT VORRÄTE

Einsalzen, Kräutersalz und Sole

Salz spielt in Lebensmitteln und im Körper eine Schlüsselfunktion. Es bindet Wasser und verändert auf diese Weise den Lebensraum von Mikroorganismen sowie physiologische Abläufe. Beim Fermentieren nutzen wir einen geringen Salzgehalt zwischen 1 und 3 Prozent, um den guten Bakterien die besten Lebensbedingungen zu bieten. Erwünschte Mikroorganismen vermehren sich und andere werden verdrängt.

Das Einsalzen arbeitet mit einer anderen Philosophie. Es wird so viel Salz verwendet, dass Mikroorganismen nicht mehr überleben können – das Lebensmittel wird dadurch haltbar. Viele Kräutersalze und Salzpasten nutzen genau diesen Effekt.

Welches Salz?

Einsalzen funktioniert mit allen Salzarten, ob ganz normales Vollsalz, Meersalz oder Natursalz. Beim Fermentieren, wo die Lebendigkeit der Mikroben im Vordergrund steht, ist es schon anders. Jod ist desinfizierend und kann den Prozess stören. Unser übliches Salz ist jodiert und manchmal mit Fluor versetzt. Dieses Salz enthält auch immer Rieselhilfen, meistens sind das Cyanide. Und obwohl die zugesetzten Mengen klein sind, wollen wir lieber keine Blausäuresalze in unseren Vorräten haben und vewenden deshalb lieber Steinsalz. Dieses Salz wird mechanisch aus dem Berg gewonnen und ohne weitere Zusätze auf den Markt gebracht.

Zum Einsalzen wie auch zum Kochen eignet sich Salz mit feiner Körnung am besten. In dieser Form schmecken wir es schnell und nehmen auch das meiste Salz, das wir essen, intensiv wahr. Feines Salz schmeckt zwei- bis dreimal salziger als grobes.

Wie viel Salz?

Die Salzmenge hängt davon ab, wie die Zubereitung anschließend gelagert werden soll. Wenn etwa die Suppenwürze bei Zimmertemperatur in der Küche stehen soll, sind mindestens 28 Prozent Salz notwendig, um das frische Gemüse haltbar zu machen. Mit dieser Salzkonzentration ist die Würze an der oberen Grenze mit dem Salzanteil, vielen ist diese Mischung zu salzig. Wird die salzige Paste später gekühlt gelagert, kann der Salzgehalt reduziert werden. Zitronensalz etwa kommt mit 12 Prozent Salz aus, um im Kühlschrank einige Monate sein Aroma zu behalten.

Eine andere Möglichkeit wäre, die Salzpaste anschließend zu trocknen und danach nochmals zu mahlen. In getrockneter Form verliert sie etwas an frischem Aroma und gewinnt an Haltbarkeit dazu, das gilt auch für die Aufbewahrung bei Küchentemperatur.

Gelöstes Salz als Sole

Im Salzwasser ist das Salz gelöst und Natrium und Chlor bewegen sich als Ionen frei im Wasser. Höchstens 26–27 g Salz lösen sich in 100 g Wasser, das ist von der Temperatur abhängig. Wenn wir also etwa 300 g Salz in ein Glas mit einem Liter Wasser geben, erhalten wir eine gesättigte Sole. Wir erkennen sie am leichten Bodensatz, der sich nicht weiter löst. In dieser Form ist die Sole sogar bei Zimmertemperatur ganz gut haltbar. Sole eignet sich gut zum Salzen von Suppen, Saucen oder Püree. Das freie Natrium löst den salzigen Geschmack noch schneller aus als fein gekörntes Salz. Wir können auch Kräuter und Gewürze in der Sole ausziehen und einige Aromen im Salzwasser festhalten. Für Kräutersolen eignen sich frisches Basilikum oder Rosmarin besonders gut (siehe Seite 228).

ZUCKER MACHT VORRÄTE

Marmeladen, Sirupe, Kräuterzucker, Zuckerpasten und Kräuterhonige

Zucker kann auch als Konservierungsmittel verwendet werden. Ab einer bestimmten Konzentration entzieht er den Mikroorganismen so viel Wasser, dass sie nicht mehr überleben können. Bei Marmeladen, Sirupen oder süßen Kräuterpasten entscheidet also die Menge an Zucker über die Haltbarkeit – immer vorausgesetzt, es wird ein Zucker mit konservierender Wirkung verwendet (siehe Tabelle „Arten von Zucker und Süßungsmitteln").

Honig wirkt mehrfach konservierend, nicht nur durch seinen Zuckergehalt. Seine bräunlich-gelben Farbstoffe, die Polyphenole, schützen vor Oxidationsreaktionen. Zudem bildet Honig stets kleine Mengen an desinfizierendem Wasserstoffperoxid.

Um Marmeladen, Sirupe oder Zuckerpasten bei Zimmertemperatur zu lagern, muss also die angegebene Zuckermenge eingehalten werden. Die Rezepte der Sirupe sind intensiv an Aromen, daher können sie mit viel Wasser verdünnt werden, die Zuckermenge im trinkfertigen Glas hält sich in Grenzen. Sirupe sind dennoch Getränke, die nur ab und zu genossen werden sollen.

Säuerungsmittel

Immer wenn mit Zucker haltbar gemacht wird, verlangt dieser nach Säure zum Abrunden. Reine Süße empfinden wir als unangenehm. Süßsauer dagegen ist ein Geschmackspaar, das wir mögen. Außerdem kann die Farbe der Früchte in vielen Fällen mit Säure stabilisiert und die Gelierfähigkeit verbessert werden. Wenn das Rezept keine Früchte mit Säuren enthält, wird Säure zugesetzt. Saft von frischen Zitronen, Orangen oder Grapefruits, Limettensaft (bringt eine Vanillenote mit) oder Verjus, der Saft aus unreifen Weintrauben, bieten sich an. Essig bringt eine eher eigenwillige Säure, die bei etwa 70 °C verdampft. Zitronensäure (E330) in kristalliner und reiner Form ist mit Vorsicht zu verwenden, weil doch viele Menschen sie nicht gut vertragen. Sie ist ein Ausscheidungsprodukt einer Aspergillus-Art, eines Schimmelpilzes. Kristalline Weinsäure, auch Weinsteinsäure genannt, ist bekömmlicher. Die natürliche Alternative ist der Saft aus der frischen Zitrone.

Arten von Zucker und Süßungsmitteln

Bezeichnung	Zuckerart	Ursprung	E-Nummer[1]	Süßkraft[2]	Zum Konservieren geeignet
Feinkristall-zucker	Saccharose	Zuckerrübe	-	1	ja
Normalkristallzucker	Saccharose	Zuckerrübe	-	1	ja
Staubzucker	Saccharose	Zuckerrübe	-	1	ja
Rohrohrzucker	Saccharose	Zuckerrohr	-	1	ja
Kokosblütenzucker	Saccharose	Kokospalme	-	1	ja
Gelierzucker	Saccharose, Geliermittel	Zuckerrübe	-	1	ja
Traubenzucker	Glucose	Stärke	-	0,7	nein
Apfeldicksaft	Mono-, Di-, Oligo-, Polysaccharide, Sorbit	Apfel	-	< 1	ja
Birnendicksaft	Mono-, Di-, Oligo-, Polysaccharide, Sorbit	Birne	-	< 1	ja
Traubendicksaft	Mono-, Di-, Oligo-, Polysaccharide, Sorbit	Weintrauben	-	< 1	ja
Honig	Fructose, Glucose, Saccharose, Maltose, Melezitose	Nektar, Honigtau	-	1,2	ja
Ahornsirup	überwiegend Saccharose	Zuckerahorn	-	0,6	nein
Milchzucker	Lactose (Glucose, Galactose)	Milch	-	0,39	nein
Xylit	Zuckeralkohol	Maisspindel, Stroh, Getreidekleie	E967	1	nein
Sorbit	Zuckeralkohol	Mais-, Weizen-stärke	E420	0,5	nein
Isomalt	Zuckeralkohol	Saccharose	E953		nein
Steviosid	Steviosid	Stevia	E960	300	nein
Erythrit	Zuckeralkohol	Glucose, Saccharose	E968	2	nein
Saccharin	synthetisch	synthetisch	E954	300	nein
Acesulfam	synthetisch	synthetisch	E950	200	nein
Aspartam	synthetisch	synthetisch	E951	225	nein
Cyclamat	synthetisch	synthetisch	E952	35	nein

1 E-Nummer: Lebensmittelzusatzstoffe, die in der EU zugelassen sind
2 Süßkraft: Angabe im Vergleich zu Saccharose

Umrechnung von organischen Säuren

	Zitronen-säure	Wein-säure	Apfel-säure
Zitronensäure	1 g	0,85 g	1 g
Weinsäure	1,2 g	1 g	1,2 g
Apfelsäure	1,1 g	0,9 g	1 g

Wo immer es möglich ist, verwenden wir natürlichen Zitronensaft. Manchmal ist jedoch der Wassergehalt einfach zu groß und wir brauchen deshalb ein Konzentrat. 100 g Zitronensaft enthalten nämlich 90 g Wasser und nur etwa 5 g Zitronensäure.

Marmeladen gelieren mit Gelierzucker und Pektin

Um Marmelade, Konfitüre oder Gelee Struktur und Haltung zu geben, gibt es verschiedene Möglichkeiten. Wir bevorzugen Pektine. Diese sind zum Teil schon in den Früchten enthalten: Zitrusschalen, Hagebutten, Johannisbeeren, Äpfel und Quitten haben eine ganze Menge davon, Erdbeeren, Himbeeren und Kirschen kaum welche. Mit unreifen, grünen Äpfeln können wir die Marmelade mit Pektin anreichern. Wer unreife Äpfel zur Hand hat, braucht keinen Gelierzucker. Das ist oft bei der Holunderbeerenernte im August der Fall. Neben dem Pektin brauchen wir auch noch genügend Säure, damit die Masse zähflüssig wird.

Der fertige Gelierzucker aus Feinkristallzucker, Pektin und Zitronensäure bietet uns die einfache Variante für 1 Teil Früchte oder Gemüse und 1 Teil Gelierzucker. Dabei achten wir darauf, dass kein Konservierungsstoff wie etwa Sorbinsäure enthalten ist. Bei Gelierzucker 2:1 oder 3:1 wird zwar der Zuckeranteil reduziert, jedoch sind diese Varianten fast immer mit Konservierungsstoffen versehen, um die Haltbarkeit zu gewährleisten.

Das Pektin quillt mit Wasser auf und geliert die Marmelade. Industriell hergestelltes, reines Pektin ist im Handel als Pulver erhältlich und kann pur eingerührt werden. Die Lebensmittelindustrie gewinnt Pektin hauptsächlich aus Zitrusfrüchten und Äpfeln. Es ist ein Ballaststoff, den wir nicht verdauen können. Gleichzeitig ist Pektin eine gute Speise für die Darmbakterien und gilt deshalb als Präbiotikum. Andere natürliche Gelierhilfen sind Pfeilwurzmehl, Kartoffelstärke, Johannisbrotkernmehl oder Agar-Agar.

Gegen Ende des Einkochens wird eine Gelierprobe gemacht. Dafür wird ein Esslöffel der heißen Marmelade auf einen kalten Teller getropft. Die Marmelade sollte bald fest werden.

Wir kommen mit natürlichem Pektin oder Gelierzucker gut durch das Marmeladenjahr. Pektin bietet sich in unseren Breiten als praktikables Geliermittel an, vor allem wenn es kurze Transportwege hat oder sogar von den eigenen unreifen Früchten kommt.

Beim Abfüllen werden die Marmeladengläser auf ein feuchtes Tuch gestellt. Wir bevorzugen kleine Gläser, etwa 125 ml, die schnell verbraucht werden. Die Gläser werden ziemlich vollgefüllt, verschlossen und für 10 Minuten auf den Kopf gestellt. So entweicht die Luft und es entsteht ein Vakuum.

Einblitzen

Das Einblitzen ist eine alte, fast vergessene Methode, von der wir hier kurz erzählen. Sie erhält den Geschmack der Früchte sehr gut, allerdings verlieren sie nach einigen Monaten Farbe und Aroma.

Basisrezept

Einblitzen

ZUTATEN für 2 Gläser à 125 g

250 g	gewaschene und getrocknete Erdbeeren, halbiert oder geviertelt
2 EL	Rohrohrzucker

ZUBEREITUNG

Den Zucker in einer kleinen Pfanne karamellisieren, Erdbeeren zugeben und kurz für etwa 2 Minuten durchkochen.
Sehr heiß in die Gläser füllen.
Pro Glas 1–2 EL Alkohol mit 40 Volumenprozent oder mehr auf die Fruchtmasse geben, anzünden und abbrennen lassen.
Dann rasch zuschrauben.

STERILISIEREN MACHT VORRÄTE

Obst- und Gemüsekompotte

Fermentieren und die Klimakrise haben das Sterilisieren völlig überrumpelt. Es scheint fast ein aussterbendes Handwerk zu sein. Seine Nachteile liegen auf der Hand: Empfindliche Vitamine und Pflanzenwirkstoffe können die lange Hitze nicht ertragen und die hohen Temperaturen des Backrohrs verbrauchen viel Energie. Dennoch besetzt es eine Nische.

Als Kompott eingekochte Früchte sind mild und weniger sauer als andere Vorräte. Sie sind auch sehr gut bekömmlich, wenn die Verdauung möglicherweise schwächelt. Zudem sind einige Pflanzeninhaltsstoffe wie lila oder rote Farbstoffe für den Körper am besten verwertbar, wenn sie aus den Zellen herausgekocht werden. Gelagert werden die Kompotte unkompliziert und ohne Kühlung.

Drei Arten der Sterilisation

Es gibt drei Möglichkeiten, zu sterilisieren: im Backrohr, im Wasserbad oder im Dampfgarer. Immer wird durch die Hitze ein Vakuum in den Gläsern erzeugt.

- Im Backrohr werden die gefüllten und verschlossenen Gläser mit kleinem Abstand dazwischen auf ein tiefes Blech gestellt. Das Blech wird 2 cm hoch mit Wasser aufgefüllt und auf die unterste Schiene geschoben. Nun das Backrohr auf 180 °C (Ober-/Unterhitze) aufheizen, bis sich in den Gläsern Bläschen bilden. Anschließend auf 80 °C zurückschalten. Jetzt beginnt die Einkochzeit von 20–30 Minuten. Die Gläser können über Nacht im Backrohr auskühlen. Am nächsten Tag wird am Dichtungsgummi vorsichtig geprüft, ob die Gläser dicht sind.
- Wer nur wenige Gläser sterilisieren möchte, kann das im Wasserbad machen. Dafür braucht man ein Gitter als Einsatz, damit die Gläser nicht auf dem Topfboden stehen. Die Gläser stehen zu drei Vierteln im Wasser, das die gleiche Temperatur wie die Gläser hat. Dann wird das Wasser zum Kochen gebracht, der Topf zugedeckt, die Hitze reduziert und 20–30 Minuten sterilisiert.
- Eine weitere einfache Möglichkeit stellt der Dampfgarer dar, der allerdings nicht in jedem Haushalt zur Verfügung steht.

Bei allen drei Methoden sollen sich die Gläser nicht berühren!

Basisrezept

Sterilisieren von Stein- und Kernobst

ZUTATEN für 3–4 Gläser

1 l	Wasser
125–250 g	weißer Zucker, je nach Süße der Früchte
1	Zitrone, Saft und Schale
8	Gewürznelken
4 cm	Zimtrinde
1,25 kg	Früchte

ZUBEREITUNG

Wasser, Zucker, Zitronenschale, Nelken und Zimt aufkochen. Die Gewürze entfernen, damit der Sud nicht braun wird, und kalt stellen. Dann den Zitronensaft nach Geschmack zugeben. Früchte dicht in die sauberen Gläser schichten und mit dem Sud bis 2 cm unterhalb des Glasrandes übergießen. Die Gläser fest verschließen und sterilisieren.

Zwetschken werden nur eingestochen, Marillen und Pfirsiche halbiert, wobei die Haut entfernt werden kann. Birnen schälen, entkernen und mit Zitrone beträufeln. Beerenobst wird roh und trocken mit Zucker vermischt und in die Gläser gefüllt.

Basisrezept

Sterilisieren von Gemüse

ZUTATEN für 3–4 Gläser

1 l	Wasser
10 g	Salz
>	Gewürze nach Belieben: Pfeffer, Piment, Senfkörner, Chili u. a.
1,25 kg	Gemüse

ZUBEREITUNG

Wasser, Salz und Gewürze aufkochen und auskühlen lassen. Rohes, geputztes und geschnittenes Gemüse dicht in die sauberen Gläser schichten und mit dem kalten Sud übergießen. Dann das Gemüse im Abstand von 2 Tagen zweimal sterilisieren. Beim Gemüse ist diese zweite Sterilisation jedenfalls notwendig!

ÖLE UND FETTE MACHEN VORRÄTE

Aromatisierte Öle und Butter

Öle und Fette haben ihre eigene Methode, um Lebensmittel haltbar zu machen. Sie umschließen diese luftdicht und schützen vor Oxidation. Ölauszüge und Ölzubereitungen haben dennoch ihre Schwächen. Sie sind durch ihr eigenes Ablaufdatum nur begrenzt haltbar. Olivenöl, das im Sommer oder Herbst verwendet wird, wurde wahrscheinlich Ende des letzten Jahres gepresst und hat schon viele Monate durchlebt. Zudem besteht immer eine kleine Gefahr, dass Pflanzenteile aus dem Öl herausragen und zu schimmeln beginnen. Wichtig ist auch, möglichst wenig Wasser in die Ölzubereitung zu bringen und sehr saubere und trockene Flaschen zu verwenden.

Für Ölauszüge eignet sich kaltgepresstes Olivenöl besonders gut. Naturbelassene, nicht raffinierte Öle bringen viel eigenes Aroma mit, worauf die Zutaten abgestimmt werden müssen. Auch Fette wie Butter oder Butterschmalz können Kräuter und Gewürze aufnehmen und einschließen. Butterschmalz hat den Vorteil der langen Haltbarkeit, sogar bei Zimmertemperatur. In anderen Kulturen wird Butterschmalz ebenfalls geschätzt, etwa als Ghee in Indien. Antioxidative oder harzige Zutaten wie Thymian oder Wacholderbeeren verlängern sogar die Haltbarkeit von Ölen und Butter.

Öle und Fette nehmen die fettlöslichen Pflanzenwirkstoffe besonders gut auf. Ätherische Öle und Scharfstoffe (Lauchöle, Senföle) fühlen sich darin wohl, aber auch Carotinoide und Harze. So werden Öle und Butter zu intensiven Geschmacksträgern.

Basisrezept

Ölauszug

ZUTATEN

- Olivenöl
- frische Kräuter, Gewürze
- Zutatenbeispiele mit Schärfe: Schwarzer Pfeffer, Langer Pfeffer, Rote Beeren, Chili, geschälte, ganze Knoblauchzehen
- Zitronige Aromen: getrocknete Schalen von Bio-Zitronen, Limetten, Orangen

ZUBEREITUNG

Die trockenen oder angetrockneten frischen Kräuter mit scharfen und zitronigen Zutaten in eine Flasche geben und mit dem Olivenöl übergießen. 2 Wochen bei Zimmertemperatur ziehen lassen.

ALKOHOL MACHT HALTBAR

Ansatzschnäpse, Liköre und Weinauszüge

Alkohol verlängert die Haltbarkeit, deshalb ist er Bestandteil vieler Zubereitungen. Doch das ist nicht seine einzige Stärke. Schnaps oder Wein sind eine Mischung aus Alkohol und Wasser, sie entziehen Früchten, Gemüsen, Kräutern und Gewürzen sowohl fettlösliche als auch wasserlösliche Inhaltsstoffe. Dieses breite Spektrum macht die Auszüge zu aromatischen Mischungen. Der Likör oder Wurzelwein vereint am Ende ätherische Öle und Scharfstoffe mit Harzen, Flavonoiden, Bitter- und Gerbstoffen. Die Bioverfügbarkeit dieser wertvollen Wirkstoffe aus dem alkoholischen Auszug ist sehr hoch.

Schon ab einem Alkoholgehalt von 10 Volumenprozent brauchen Alkoholika kein Ablaufdatum mehr, sie werden als gut lagerfähig eingestuft. In der Zeit des Verweilens im Lager gewinnen die meisten Auszüge an Geschmack.

Für Ansatzschnäpse eignen sich Wodka oder Korn mit einem Alkoholgehalt von rund 40 Volumenprozent gut. Sie halten sich im Eigengeschmack zurück und ziehen ein breites Spektrum an Pflanzenwirkstoffen aus den Zutaten. Für einzelne Auszüge können Hauptzutat und Gewürze auch geschmacklich an verdünnten Weinbrand oder an Obstschnäpse angepasst werden. Für kalte Weinauszüge nehmen wir gerne Portwein sowie bittere Zutaten und lassen eine bittersüße Köstlichkeit entstehen. Für heiße Würzweine und heiße Weinauszüge eignen sich Weiß- und Rotweine.

Orientierung für alkoholische Auszüge

Art der Zubereitung	Auszugsmittel	Alkoholgehalt Vol.-%	Ausziehzeit	Reifezeit
Ansatzschnaps	Korn, Wodka	35–45	1 Monat	mehrere Monate
Likör	Korn, Wodka	20–25	1 Monat	3 Monate
kalte Weinauszüge	schwere Weine	18–22	7–10 Tage	sofort verwendbar
Würzweine	Rotwein, Weißwein	12–15	aufkochen	sofort verwendbar
heiße Weinauszüge	Rotwein, Weißwein	12–15	einige Minuten köcheln	sofort verwendbar

GETROCKNETE VORRÄTE

Kräuter, Trockenobst und Fruchtleder

Ob Nudeln, Früchte, Tomaten oder Kräuter – das Trocknen ist eine schonende und weit verbreitete Konservierungsmethode, die Nährstoffe und Pflanzenwirkstoffe gut erhält. Sie ist gleichzeitig eine der ältesten Methoden. Den Lebensmitteln wird so viel Wasser entzogen, dass sich Mikroorganismen nicht mehr vermehren können. Und es können alle Lebensmittel, die nicht zu viel Wasser oder Fett enthalten, getrocknet werden. Natürlich funktioniert das Lufttrocknen nicht in allen Regionen gleich gut.

Die Begriffe „Trocknen“ und „Dörren“ werden meistens synonym verwendet. „Dörren“ ist das Handwerk des Trocknens von Lebensmitteln und „Trocknen“ ist die sanftere Variante bei niedrigen Temperaturen.

Lebendige getrocknete Lebensmittel

Getrocknete Lebensmittel können sehr lebendig sein. Das ist immer dann der Fall, wenn die Lebensmittel völlig naturbelassen und ohne Konservierungsmittel getrocknet werden. Früchte können etwa mit Zitronensaft leicht gesäuert werden, um Bräunungsreaktionen zu bremsen. Sulfite und andere Konservierungsmittel sollten vermieden werden, damit die physiologische Mikrobenflora auf den Lebensmitteln erhalten bleibt oder sogar gestärkt wird. Sulfit zersetzt zudem das Vitamin B1. Die Temperatur des Trocknens entscheidet, ob empfindliche Proteine wie etwa Enzyme intakt bleiben. Bis ungefähr 40 °C kann von Rohkostqualität ausgegangen werden, über 40 °C beginnen die Eiweiße, sich zu verändern.

Kräuter werden bei trockenem Wetter geerntet und dann gleich getrocknet. Sie werden vorher nicht gewaschen. Kleinere Mengen an Kräutern und Heilpflanzen können in Glas oder Keramik gelagert werden. Dafür sollten sie rascheltrocken sein, eine Restfeuchtigkeit kann aus diesen Behältern nicht mehr entweichen und würde zu Schimmel führen. Papierverpackungen tolerieren etwas mehr Feuchtigkeit, allerdings erfordern sie einen sehr trockenen Lagerraum.

In letzter Zeit wurden erstaunliche Erkenntnisse über getrocknete Lebensmittel gewonnen. Es wurde etwa beobachtet, dass sich bestimmte Pflanzenwirkstoffe (Polyphenole) in getrockneten Bio-Tomaten mit der Zeit der Lagerung vermehren. Das lebendige Mikrobiom der Bio-Tomaten scheint die Polyphenole für den Körper verfügbar zu machen. Bei gespritzten oder konservierten Tomaten ist das nicht der Fall.

Gute Lebensmittel zum Trocknen

Wenn Obst, Gemüse, Fisch, Fleisch oder Kräuter einer warmen Luft ausgesetzt werden, trocknen sie von außen nach innen. Wasser wird nach und nach abgegeben und Mikroorganismen verlieren ihre Lebensgrundlage. Vollreife Früchte ohne Druckstellen eignen sich gut zum Trocknen. Kerne von Kern- und Steinobst werden entfernt, bei Beeren für Fruchtleder kann ein interessanter, nussiger Effekt entstehen. Feste Früchte wie Äpfel, Karotten, Pastinaken, Petersilienwurzeln oder Rüben können gehobelt werden, solche dünnen Scheiben trocknen schneller und ergeben süße Chips. Sie trocknen so auch leicht ganz durch und brauchen keinen Zuckerzusatz für die Haltbarkeit.

Temperatur und Luftbewegung

Zarte Kräuter wie Zitronenmelisse oder Brennnesselblätter können gut luftgetrocknet werden. Bei dickeren Blättern wie jenen von Salbei ist das schon schwieriger. Trocknungsgeräte mit stufenloser Temperatureinstellung zwischen 35 und 70 °C und Zeiteinstellung sind dann oft eine große Hilfe.

Eine gute Temperatur zum Trocknen liegt zwischen 35 und 42 °C. Bei zu niedriger Temperatur trocknen die Lebensmittel zu langsam, sie verfärben sich und verändern sich in unerwünschter Art und Weise. Ab etwa 45 °C verliert das Lebensmittel an lebendigen Mikroben und empfindliche Eiweiße beginnen, sich zu verändern. Die Haltbarkeit steigt allerdings meistens mit der Trocknungstemperatur.

Eine Trocknung bei 40 °C im Backrohr ist natürlich auch möglich. Eigentlich ist Umluft besser geeignet, viele Herde lassen bei Umluft jedoch keine so niedrige Temperatur zu. Auch das Entweichen der Feuchtigkeit ist im Backrohr gar nicht so einfach, so muss die Backrohrtüre immer wieder geöffnet werden. Das Backrohr braucht zudem viel Energie für die Trocknung. Manchmal kann auch die Restwärme am Ende eines Backtages genutzt werden.

Restfeuchte

Getrocknete Früchte und Gemüse sind am Ende der Trocknung oft noch ledrig und biegsam. Blätter und Stängel von Kräutern sind im besten Fall rascheltrocken und knacken beim Brechen. Die meisten Lebensmittel brauchen mehrere Stunden, bis sie ganz durchgetrocknet sind.

Einflüsse auf die Trocknung

Die Größe der Teile, z. B. die Dicke der Apfelscheiben oder die Dicke der Masse bei Fruchtleder, hat einen großen Einfluss auf die Trocknungszeit. Während der Trocknung sowie auch später bei der Lagerung sollten die Lebensmittel vor Licht geschützt werden. Luftbewegung beschleunigt die Trocknung stark.

Einfacher Feuchtigkeitstest für zu Hause

Wer sich gar nicht sicher ist, ob das Lebensmittel trocken genug ist, kann eine kleine Menge in ein Glas geben und fest verschließen. Wenn sich das Glas nach einigen Stunden noch beschlägt, muss nachgetrocknet werden.

Lagerung der getrockneten Lebensmittel

Es gibt zwei Möglichkeiten für die Lagerung. Fest verschlossen in Glas-, Keramik- oder Edelstahlbehältern wird jede Feuchtigkeit von außen abgehalten. Es kann aber auch keine mehr hinaus. Es muss sichergestellt sein, dass wirklich gut getrocknet wurde, sonst schimmeln die Lebensmittel mit der Zeit. Wenn in Papiersäcken oder Leinensäcken abgefüllt wird, muss der Lagerraum sehr trocken sein, sonst ziehen die Lebensmittel wieder Feuchtigkeit an. Licht schadet dem Trockengut ebenso wie Feuchtigkeit.

Nährstoffe und Pflanzenwirkstoffe

Ein Großteil der Nährstoffe bleibt beim Trocknen gut erhalten. Fette, Kohlenhydrate, Proteine und Mineralstoffe bleiben intakt, Vitamine, vor allem B-Vitamine und Vitamin C, gehen teilweise verloren.

Um die wertvollen Pflanzenwirkstoffe gut zu erhalten, werden Blätter und Blüten von Kräutern nicht zerkleinert. Ätherische Öle und Scharfstoffe bleiben so großteils unbeschadet in ihren Zellräumen. Gerbstoffe und Bitterstoffe sind noch weniger empfindlich, sie können auch in Pulverform licht- und luftgeschützt gut gelagert werden.

Fruchtleder

Das Quittenbrot ist als getrocknete Zubereitung aus Obst sehr bekannt. Es bekommt jedoch oft viel Zucker zugesetzt. Sehr reifes Obst kann püriert und pur zu Fruchtleder verarbeitet werden. Es schmeckt intensiv nach den Früchten und ist ein haltbarer, schmackhafter und gesunder Snack. Das Obst muss dafür sehr reif sein. Wenn der Tiefkühler zu voll ist, kann auch tiefgekühltes Obst noch getrocknet werden. Die Konsistenz ist in den Früchten oft sogar sehr gut, wenn beim Tiefkühlen die Zellen aufgebrochen wurden.

Fruchtleder kann in verschiedenen Qualitäten hergestellt werden: Die Rohkostqualität mit einer Trocknung bis 42 °C dauert ziemlich lange. Es ist fertig, wenn sich die Fruchtschicht leicht vom Papier ziehen lässt und nicht mehr klebrig ist. Das Fruchtleder kann auch schon nach 5–8 Stunden vom Papier gezogen und umgedreht werden, je nach Konsistenz der Masse.

Das Fruchtpüree kann leicht gesäuert oder gesüßt werden, oft ist jedoch überhaupt kein Zusatz notwendig. Durch die Trocknung wird die Fruchtmasse ohnehin noch viel süßer. Ein Säurezusatz, etwa Zitronen- oder Limettensaft, macht das Leder zum süßsauren Genuss und hellt die Farbe auf.

Was die Mischungen betrifft, sind der Experimentierfreude keine Grenzen gesetzt. Wenn das Fruchtpüree zu flüssig ist, können Chiasamen oder Leinsamenmehl, frisch gemahlen, eingerührt werden. Ungefähr 2 EL für ein halbes Kilo Fruchtpüree reichen hier meistens. Nussmus oder Kakao verleihen dem Leder mehr Sättigungskraft, die Lieblingsgewürze machen es noch schmackhafter (z. B. Vanille, Zimt, Lavendel) oder geben ihm Schärfe (Chili, Pfeffer).

Kombinationen für Fruchtleder

Marille/Aprikose
Apfel, Ingwer, Kardamom, Koriander, Kreuzkümmel, Kurkuma, Lavendel, Rose, Rosmarin, Pfeffer, Safran, Vanille, Zimt

Apfel
mit den meisten Früchten, Nelke, Rose, Salbei, Vanille, Zimt, Zitronenmelisse

Zuckermelone
Lavendel, rote Beeren

Birne
Apfel, Anis, Fenchel, Ingwer, Kakao, Kardamom, Vanille, Zimt

Banane
Anis, Kardamom, Kakao, Vanille, Zimt

Dattel
Ingwer, Limette, Minze, Safran, Zimt

Berberitze
Apfel, Langer Pfeffer, Kreuzkümmel, Orangenschale, Piment, Safran, Zimt

Himbeere
Basilikum, Feige, Minze, Vanille

Erdbeere
Anis, Kakao, Minze, Rhabarber, Zitronenmelisse

Quitte
Sternanis, Nelke, Zimt, Safran, Langer Pfeffer, Vanille, Zitrone

Cranberry/Preiselbeere
Apfel, Chili, Nelke, Ingwer, Kardamom, Limette, Sternanis, Vanille

Brombeere
Apfel, Lavendel, Pfirsich, Vanille

Pfirsich
Brombeere, Erdbeere, Nelke, Heidelbeere, Himbeere, Kirsche, Mango, Vanille, Weintraube, Zitronenmelisse

Heidelbeere
Apfel, Pfirsich, Koriander, Lavendel, Vanille, Zimt, Zitrone

Kirsche
Banane, Kaffee, Zimt

Rhabarber
Apfel, Ingwer, Pfeffer, Sternanis, Zitrone

Karotte
Ingwer, Koriander, Minze, Safran, Vanille, Ysop

Gemüse

Goldenes Sauerkraut

Eine Sauerkrautvariante mit einer besonderen Geschmacksnote

Art der Haltbarmachung: **Fermentieren**
Aufwand: **20 Minuten** · Reifezeit: **3–5 Tage** · Haltbarkeit: **6 Monate gekühlt**

ZUTATEN

500 g	Weißkraut
2 TL	Salz
1 EL	Apfeltrester oder ½ geriebener Apfel
1 TL	Kurkuma
¼ TL	Anissamen
½ TL	Koriandersamen
½ TL	Fenchelsamen

ZUBEREITUNG

Weißkraut fein hobeln, mit dem Salz vermischen und 1 Stunde stehen lassen. Die übrigen Zutaten untermischen und in ein 300-ml-Glas fest hineinpressen, damit sich ausreichend Saft absetzt und das Fermentiergut zur Gänze mindestens 1 cm hoch mit Flüssigkeit bedeckt ist. Den Deckel locker auflegen und bei Raumtemperatur 3 Tage fermentieren lassen. Danach kühler stellen und fest verschließen.

Putziknödel
Knödel jeder Art sind bei Kindern meistens sehr beliebt. Margit bereitet oft ziemlich kleine Knödel zu. Bei ihr heißen sie „Putziknödel." Wenn es solche gibt, kann man Kindern oft auch noch Sauerkraut in einer anderen Farbvariante „unterjubeln".

Spiel mit den Farben
Spinatknödel mit dreierlei Sauerkraut sehen auf dem Teller wundervoll aus: rosa, gold und gelb. Sauerkraut ist sowohl als Rohkostsalat als auch gegart schmackhaft und wertvoll.

Rot färben

Auch eine kleine Menge grob geriebene, rohe Rote Rüben, etwa 50 g, färben das Kraut schön rosa! Ein Esslöffel geriebener Kren wertet das Rosa Sauerkraut geschmacklich und gesundheitlich auf.

Eine alte Bauernregel

„Bartholomä treibt das Kraut in die Höh!" Ab 24. August sieht man das Kraut wachsen.

Minze kühlt!

Das Zitronenkraut mit frisch gehackter Minze und Olivenöl ist eine ideale Vorspeise an heißen Sommertagen! Eine eingelegte Zitronenspalte garniert das Zitronenkraut für Auge und Gaumen.

Rosa Sauerkraut

Die Farbe macht den Unterschied

Art der Haltbarmachung: **Fermentieren**
Aufwand: **20 Minuten** · Reifezeit: **3–5 Tage** · Haltbarkeit: **6 Monate gekühlt**

ZUTATEN

400 g	Weißkraut
100 g	Rotkraut
2 TL	Salz
1 TL	Kümmel

ZUBEREITUNG

Weiß- und Rotkraut fein hobeln, mit Salz vermischen und 1 Stunde stehen lassen. Kümmel zugeben und fest in ein Glas hineinpressen, damit sich ausreichend Saft absetzt und das Fermentiergut mindestens 1 cm hoch mit Flüssigkeit bedeckt ist. Deckel locker auflegen und bei Raumtemperatur 3 Tage fermentieren lassen. Danach kühler stellen und fest verschließen.

Zitronenkraut

Erfrischendes Weißkraut

Art der Haltbarmachung: **Fermentieren** · Aufwand: **20 Minuten**
Reifezeit: **1 Stunde/3–5 Tage** · Haltbarkeit: **6 Monate gekühlt**

ZUTATEN

500 g	Weißkraut
2 TL	Salz
1	Zitrone, Saft und Abrieb
1 Zweig	Zitronenmelisse oder Zitronenverbene
½ TL	Koriandersamen
½ TL	Fenchelsamen

ZUBEREITUNG

Weißkraut fein hobeln, mit dem Salz vermischen und 1 Stunde stehen lassen. Die übrigen Zutaten untermischen und in ein 300-ml-Glas fest hineinpressen, damit sich ausreichend Saft absetzt und das Fermentiergut zur Gänze mindestens 1 cm hoch mit Flüssigkeit bedeckt ist. Den Deckel locker auflegen und bei Raumtemperatur 3 Tage fermentieren lassen. Danach kühler stellen und fest verschließen.

Römisches Sauerkraut

Sauerkraut mit Weißweinstarter

Art der Haltbarmachung: **Fermentieren**
Aufwand: **20 Minuten** · Reifezeit: **1 Woche** · Haltbarkeit: **6 Monate gekühlt**

ZUTATEN

- 500 g Weißkraut, fein gehobelt mit 2 TL Salz geknetet
- 2 EL Weißwein
- > evtl. 1 TL Kümmel
- > etwas abgekochtes Wasser
- > evtl. 1 kleines Wein- oder Ribiselblatt

ZUBEREITUNG

Das gesalzene Kraut mit dem Wein gut vermengen, mit dem Kümmel in ein Glas füllen und fest andrücken, eventuell etwas Wasser zugeben, bis das Fermentiergut mindestens 1 cm hoch mit Flüssigkeit bedeckt ist. Die obersten 2 cm bis zum Glasrand als Gärraum frei lassen. Deckel lose auflegen und etwa 1 Woche bei Zimmertemperatur fermentieren. Danach Deckel fest verschließen.

Mit Biss
Die Gerbsäure des Ribisel- oder Weinblattes hält das Kraut knackig.

Kein römisches Gastmahl ohne Würste!
Kaum zu glauben, dass bereits die Römer Würste hergestellt haben. Vielleicht hat sogar eine der beliebtesten Speisen der Österreicher, Würstel mit Sauerkraut, ihren Ursprung im alten Rom.
Aus dem Römischen Sauerkraut lässt sich auch eine hervorragende Rohkost mit Orangensaft, Honig und kaltgepresstem Haselnussöl zubereiten. Natürlich kann diese Sauerkrautvariante auch wie herkömmliches Sauerkraut verwendet werden.

Mit Hollersirup-Starter

Das Hollerkraut schmeckt besonders gut, wenn es im Frühsommer mit frischem Weißkraut und selbst gemachtem Holundersirup zubereitet wird! Wer will, kann anstatt des Kümmels auch Anis oder Fenchelsamen verwenden. Mariniert mit einem hochwertigen Olivenöl kann das Hollerkraut als Beilagensalat oder als erfrischende Vorspeise genossen werden.

Hollerkraut

Herrlich erfrischend

Art der Haltbarmachung: **Fermentieren**
Aufwand: **20 Minuten** · Reifezeit: **1 Woche** · Haltbarkeit: **6 Monate gekühlt**

ZUTATEN

500 g	Weißkraut
2 TL	Salz
½ TL	Kümmel
1 EL	Holundersirup (Hollersirup)

ZUBEREITUNG

Das Hollerkraut wird wie das Römische Sauerkraut zubereitet. Der Holundersirup ist dabei Starter und Geschmacksgeber.

Apfelsauerkraut

Milde Variante

Art der Haltbarmachung: **Fermentieren**
Aufwand: **20 Minuten** · Reifezeit: **1 Woche** · Haltbarkeit: **6 Monate kühl**

ZUTATEN

500 g	Weißkraut
2 TL	Salz
1 TL	Kümmel
1 EL	Apfeltrester oder 2 EL frisch geriebener, unbehandelter Apfel mit Schale
2 EL	Apfelsaft, am besten naturtrüb

ZUBEREITUNG

Das Apfelsauerkraut wird genau gleich zubereitet wie das Römische Sauerkraut (siehe S. 59).

Pelustka

Traditionelles Sauerkraut aus der Ukraine

Art der Haltbarmachung: **Fermentieren**
Aufwand: **45 Minuten** · Reifezeit: **3–5 Tage** · Haltbarkeit: **6 Monate kühl**

ZUTATEN

500 g	Weißkraut, geputzt, jedoch den Strunk mitverwenden
4	Knoblauchzehen
40 g	Sellerieblätter
1 kleine	Chilischote
2	Karotten
1 kleiner	Knollensellerie
250 g	Rote Rüben
>	etwas Öl

Lake

750 ml	Wasser
30 g	Salz
1 EL	Honig
2 EL	Apfelessig
1 EL	Öl

ZUBEREITUNG

Für die Lake Salz im lauwarmen Wasser auflösen und Honig, Essig und Öl zugeben. Kraut fein schneiden, Knoblauch fein hacken, Karotten und Rote Rüben grob reiben. Weißkraut mit einem Teil der Lake gut abmischen und ziehen lassen. Das restliche Gemüse zufügen und fest in ein Gärglas hineindrücken, es muss sich mindestens 1,5 cm Flüssigkeit absetzen. Restliche Lake zufügen, ca. 3 mm hoch mit Öl bedecken. Eventuell beschweren und mit gut verschlossenem Deckel ein paar Tage fermentieren lassen. Pelustka kann man bereits am Tag der Zubereitung und während des Fermentationsvorganges genießen. Den Säuregrad kann man so nach Belieben selbst bestimmen.

Gesunde Resteverwertung
Aus den diversen Sauerkrautarten, auch aus Resten, lassen sich hervorragende Sauerkrautlaibchen zubereiten: Dafür einfach Milch, Ei, Mehl, etwas Salz und Muskat zu einem dickeren Teig verrühren, das fein gehackte Sauerkraut fest auspressen und zugeben. In einer Pfanne mit ausreichend Fett kleine, flache Laibchen braten. Dazu passen Kräuterdips und Salate.

Buntes Sauerkraut

Traditionelles Sauerkraut aus Osteuropa

Art der Haltbarmachung: **Fermentieren**
Aufwand: **20 Minuten** · Reifezeit: **3 Wochen** · Haltbarkeit: **6–8 Monate gekühlt**

ZUTATEN

1,2 kg	Weißkraut
1	Zucchini
4	grüne, unreife Tomaten
1	Zwiebel
1	rote Paprika
1	Pfefferoni
2	Knoblauchzehen
1 TL	Kümmel
1 TL	Senfkörner
1 TL	Pfefferkörner
3–4	Krenscheiben
2–3	Lorbeerblätter
>	Salz, 2 Prozent der Gesamtmenge vom geputzten Gemüse

Spezialität aus Rumänien
Das Rezept stammt von einer Familie, die ursprünglich im Banat beheimatet war. Diese Art von Kraut ist in den osteuropäischen Ländern in jedem Restaurant ein wichtiger Bestandteil des Salatbuffets.

ZUBEREITUNG

Gemüse grob reiben, Knoblauch fein hacken, Gewürze zufügen und die Gesamtmasse abwiegen. Etwa 2 Prozent Salz (der Gesamtmenge) gut untermischen. Fest in ein großes Glas (z. B. 1 Liter Volumen) drücken. Den Deckel nur lose auflegen und 2–3 Tage bei Raumtemperatur fermentieren. Danach fest verschließen und bei Kellertemperatur mindestens 3 Wochen weiterfermentieren.

Was sind denn Bacteriocine?
Sauerkraut hat roh und gekocht gesundheitliche Stärken: Roh ist es besiedelt von Billionen an Mikroorganismen, die herumwuseln und werken. Sie bearbeiten die Pflanzenwirkstoffe im Kraut, zerlegen sie und bilden dabei Bacteriocine. Diese Bacteriocine sind Eiweiße oder Eiweißbruchstücke, die krankmachende Keime verdrängen. Sogar Clostridien, Listerien und Staphylokokken können dann nicht mehr richtig wachsen. Für ihre Freunde dagegen, einige Milchsäurebakterienarten, schaffen sie gute Lebensbedingungen. Wenn das Sauerkraut gekocht wird, sterben die Bakterien. Viele ihrer Bacteriocine wirken auch noch im heißen Sauerkraut.

Russenkraut

Das Kraut, mit dem Rollmöpse gefüllt werden

Art der Haltbarmachung: **Einlegen in Essig** · Aufwand: **50 Minuten**
Reifezeit: **1 Nacht–2 Wochen** · Haltbarkeit: **6 Monate kühl**

ZUTATEN

je 2	rote und grüne Paprika
300 g	grüne Tomaten
1 kleinere	Karotte
1 kleinere	gelbe Karotte
400 g	Weißkraut
1 EL	Salz

Sud

160 ml	Apfelessig
300 ml	Wasser
1 TL	Pfefferkörner
½ TL	Pimentkörner
2–3	Lorbeerblätter
1 EL	Zucker

ZUBEREITUNG

Gemüse waschen, putzen und in feine Streifen schneiden, mit dem Salz gut durchmischen und am besten eine Nacht kühl stehen lassen. Die Zutaten für den Sud aufkochen, das ausgedrückte Gemüse zugeben und dieses 2–3 Minuten mitkochen. Gemüse mit dem Sud in sterile Gläser füllen, verschließen, auf den Deckel stellen und auskühlen lassen.

Aromen brauchen Zeit
Das Russenkraut ist sofort servierfertig, schmeckt jedoch nach einer zweiwöchigen Reifezeit noch pikanter und runder! Man kann daraus mit Matjes vorzügliche Rollmöpse zubereiten.

Wie das Russenkraut zu seinem Namen gekommen ist
Das Russenkraut hat seinen Namen daher bekommen, weil es in die besonders in Österreich beliebten Rollmöpse gefüllt wurde. Die dafür erforderlichen Heringe wurden früher nur im russischen Meer gefangen. Dadurch entstanden die Bezeichnungen „Russen" und „Russenkraut".

Exotisches Rotkraut

mit Ingwer

Art der Haltbarmachung: **Fermentieren** · Aufwand: **30 Minuten**
Reifezeit: **10 Stunden/3 Wochen** · Haltbarkeit: **6 Monate kühl**

ZUTATEN

1	Rotkraut (ca. 1,2 kg)
1	rote Zwiebel
30 g	Steinsalz
½ Stk.	Sternanis, gebrochen
1 kleine	Zimtrinde, angequetscht
7	Gewürznelken, angequetscht
3 cm	Ingwerwurzel, gerieben
3 EL	Granatapfelsaft oder Saft von ½ Orange
2 EL	Rosinen
1 EL	naturbelassener Honig

ZUBEREITUNG

Kraut und Zwiebel fein hobeln, mit Salz und Gewürzen gut vermischen und mindestens 10 Stunden stehen lassen. Die restlichen Zutaten zugeben und dicht in zwei Gläser füllen. Dabei darauf achten, dass das Kraut gut mit der entstandenen Lake bedeckt ist. Die Deckel locker auflegen und 2 Tage bei Raumtemperatur fermentieren. Dann Deckel fest verschließen und ungefähr 3 Wochen bei Kellertemperatur fertig fermentieren.

Rotkraut als hochwertige Beilage
Mit Erdnuss- oder Sesamöl mariniert als Vorspeise, zu gebratenem Fisch oder zu scharf angebratenem, mit Sojasauce und Ingwer gewürztem Hühnerfleisch mit Basmatireis.

Sternanis
Sternanis gilt in der südostasiatischen traditionellen Heilkunde als effizient gegen Viren, deshalb wird er in Grippezeiten gerne ergänzend als Tee oder Pulver eingenommen. In der europäischen Heilkunde finden wir ihn bei Hildegard von Bingen als „Grippepulver".

Traditionelles Rotkraut

mit Kümmel und roten Zwiebeln

Art der Haltbarmachung: **Fermentieren** · Aufwand: **20 Minuten**
Reifezeit: **10 Stunden/3 Wochen** · Haltbarkeit: **6 Monate kühl**

ZUTATEN

1	Rotkraut (ca. 1,2 kg)
1	rote Zwiebel
30 g	Steinsalz
1 EL	Kümmel

ZUBEREITUNG

Kraut und Zwiebel fein hobeln, gut mit Salz und Kümmel vermischen und mindestens 10 Stunden stehen lassen. Dicht in zwei Gläser mit je 300 ml Volumen füllen, das Kraut muss dabei gut mit Lake bedeckt sein. Den Deckel locker auflegen und 2 Tage bei Raumtemperatur fermentieren. Danach fest verschließen und ungefähr 3 Wochen bei Kellertemperatur fertig fermentieren.

Rotkraut als Vorspeise
Rotkraut passt in jeder Form gut zu Wildgerichten, es wertet aber auch die Bratwurst mit Röstkartoffeln auf. Rotkrautrohkost mit gehackten, gerösteten Haselnüssen, Äpfeln, Preiselbeermarmelade, Haselnussöl und mit Zimt abgeschmeckt ist eine perfekte weihnachtliche Vorspeise.

Bramberger Weihnachtskraut

Rotkraut mit Apfeltrester und weihnachtlichen Gewürzen

Art der Haltbarmachung: **Fermentieren** · Aufwand: **20 Minuten**
Reifezeit: **2 Tage/3 Wochen** · Haltbarkeit: **6 Monate kühl**

ZUTATEN

1	Rotkraut (ca. 1,2 kg)
1	rote Zwiebel
30 g	Steinsalz
2–3 EL	Rotwein
1 TL	Kümmel
½ Stk.	Sternanis, gebrochen
1 kleine	Zimtrinde, angequetscht
5	Gewürznelken, angequetscht
½	Bio-Orange, Abrieb
1–2 EL	Apfeltrester oder 1 geriebener Apfel
1 EL	getrocknete Preiselbeeren

ZUBEREITUNG

Kraut und Zwiebel fein hobeln und mit Salz, Rotwein und den Gewürzen gut vermischen. Mindestens 10 Stunden stehen lassen. Die restlichen Zutaten zugeben und dicht in zwei Gläser füllen. Dabei darauf achten, dass das Kraut gut mit der entstandenen Lake bedeckt ist. Die Deckel locker auflegen und 2 Tage bei Raumtemperatur fermentieren. Danach fest verschließen und ungefähr 3 Wochen bei Kellertemperatur fertig fermentieren.

Traditionelles neu interpretiert
Das Weihnachtskraut mit Orangenfilets, gehackten Nüssen und einem guten Nussöl ist eine hervorragende Komponente bei der Kreation eines Wildburgers.

Ein Rezept für liebe Bekannte aus Bramberg
Die Idee, dieses Rotkraut zusätzlich mit Apfeltrester zu fermentieren, ist während eines Gesprächs mit Familie Vötter entstanden. Christian Vötter ist Initiator der Bramberger Obstpresse. Dort wird auch hochwertiger getrockneter Apfeltrester produziert.

Einfaches Kimchi

mit Chinakohl

Art der Haltbarmachung: **Fermentieren** · Aufwand: **20 Minuten**
Reifezeit: **über Nacht/5 Tage** · Haltbarkeit: **mehrere Wochen**

ZUTATEN

1	Chinakohl (1 kg netto)
20 g	Meersalz
2 EL	Fischsauce
1 EL	Chilipaste
1	Limette, Saft

ZUBEREITUNG

Chinakohl in sehr feine Streifen schneiden, gut mit Salz durchmischen und über Nacht ziehen lassen. Am nächsten Tag gründlich mit klarem Wasser abspülen und gut abtropfen lassen. Mit den anderen Zutaten vermischen, in ein Einmachglas füllen, fest andrücken, damit sich mindestens 1,5 cm Flüssigkeit absetzt, verschließen und kühl lagern.

Frische, süße Note
Schmeckt besonders gut mit würfelig geschnittenen Pfirsichen, Marillen, Mangos und frischem Koriander. Kimchi wird mit frisch gedünstetem Reis zum leichten, bekömmlichen Mittagessen.

Koreanisches Grundnahrungsmittel
„Wenn du Kimchi und Reis hast, hast du eine Mahlzeit", sagt ein koreanisches Sprichwort.

Regionales Weißkrautkimchi

mit der Kraft des Apfeltresters

Art der Haltbarmachung: **Fermentieren** · Aufwand: **40 Minuten**
Reifezeit: **1 Woche** · Haltbarkeit: **mehrere Monate kühl**

ZUTATEN

600 g	frisches Weißkraut (Spitzkraut oder Braunschweigerkraut)
2 EL	Steinsalz
1	Karotte
1	gelbe Karotte
3	Frühlingszwiebeln
1 Bund	Radieschen
3–4	Stängel frische Petersilie

Paste

3	Knoblauchzehen
1	unbehandelter Apfel
1 EL	Apfeltrester
1 EL	Preiselbeermarmelade
1 TL	Honig
1 EL	scharfes Paprikapulver
50 ml	Würzsauce

ZUBEREITUNG

Das Kraut ohne Strunk fein hobeln, mit dem Salz gut vermischen und mindestens 2 Stunden stehen lassen. Die Karotten grob reiben, Radieschen in Stifte schneiden, Frühlingswiebeln vierteln, den grünen Teil in 2 cm lange Stücke schneiden und die Petersilie grob hacken.
Für die Paste alle Zutaten pürieren und mit dem abgetropften Kraut vermischen. Das Gemüse fest in das Glas eindrücken, sodass sich ausreichend Saft absetzt und das Gemüse mindestens 1,5 cm hoch mit Saft bedeckt ist. Den Deckel lose auflegen und bei Zimmertemperatur 2–3 Tage anfermentieren lassen. Danach bei kühlerer Temperatur weitere 3 Tage stehen lassen. Nun den Deckel fest verschließen und kühl lagern.

Die Kraft von Apfeltrester
40 Prozent des Apfeltresters sind Ballaststoffe, Zellulosen und Pektine. Was unsere Verdauungssäfte nicht schaffen, machen die Darmbakterien – sie zerlegen diese Köstlichkeiten und gewinnen Energie daraus. So wachsen sie und vermehren sich.

Kimchi in unserem Alltag
Dieses Kimchi eignet sich sowohl als regionale Vorspeise als auch als Bestandteil einer Brettljause.

Kohlkimchi

Wirsing würzig-sauer und leicht scharf

Art der Haltbarmachung: **Fermentieren** · Aufwand: **30 Minuten**
Reifezeit: **3 Tage/1 Woche** · Haltbarkeit: **3 Monate kühl**

ZUTATEN

1	Kohlkopf
1 Bund	Frühlingszwiebeln
2	Karotten
2 EL	Steinsalz

Paste

5 EL	Wasser
1 EL	Würzsauce (z. B. Grazer Würze, Worcestersauce)
2 cm	Ingwerwurzel, gerieben
2 EL	Apfeltrester oder 1 EL geriebener Apfel
3	Knoblauchzehen
1 kleine	Zwiebel, gehackt
2 EL	Chiliflocken (evtl. Chipotle Chili)

ZUBEREITUNG

Den Kohl und die Frühlingszwiebeln in feine Streifen bzw. Ringe schneiden, Karotten grob reiben, alles mit dem Salz gut durchmischen und mindestens 2 Stunden ziehen lassen.
Wasser und Würzsauce mit den übrigen klein gehackten Zutaten zu einer Paste vermischen.
Gemüse mit der Würzpaste gut durchmischen und fest in ein Glas hineindrücken. Den Deckel lose auflegen und bei Zimmertemperatur mindestens 3 Tage fermentieren lassen. Danach verschließen und bei etwa 18 °C für 1 Woche reifen lassen.

Eine kleine Geschichte

Der lange gering geschätzte Kohl erlebt eine richtige Renaissance. Er gilt nach neuesten Studien als Superfood. Das Rush University Medical Center in Chicago hebt die stark antioxidativen Flavonoide, das Vitamine C und die Mineralstoffe hervor.

Versteckte Carotinoide

Kaum zu glauben, dass der dunkelgrüne Kohl mehr oranges ß-Carotin unter seiner grünen Farbe versteckt als Karotten! Die Mikroben schaffen es sogar, das ß-Carotin ohne Hitze für den Körper verfügbar zu machen. Fermentierter Kohl bietet somit den Doppelpack: hitzeempfindliches Lutein für die Augen und bioverfügbares ß-Carotin für das Immunsystem!

Apfelkimchi

Variante mit europäischem Einschlag

Art der Haltbarmachung: **Fermentieren** · Aufwand: **30 Minuten**
Reifezeit: **1–3 Tage** · Haltbarkeit: **mehrere Wochen**

ZUTATEN

1 kleiner	Chinakohl
300 g	Karotten
2	säuerliche Äpfel
70 g	frischer Ingwer
2	Knoblauchzehen
50 ml	Zitronen- oder Limettensaft
20 ml	Würzsauce
1–2 TL	scharfes Paprikapulver
>	Steinsalz, 2 Prozent der Gesamtmenge

ZUBEREITUNG

Chinakohl in feine Streifen schneiden, salzen und über Nacht ziehen lassen. Karotten und Äpfel gründlich waschen und grob reiben. Aus den restlichen Zutaten eine Würzpaste herstellen. Chinakohl mit Karotten, Äpfeln und Würzpaste mischen. Alles in Gläser füllen, gut andrücken, sodass die entstandene Flüssigkeit mindestens 1 cm über dem Gemüse steht. Das Kimchi entweder gleich konsumieren oder das Glas verschließen und noch ein paar Tage bei Raumtemperatur fermentieren lassen.

Kimchi passt sich an
Apfelkimchi passt gut zu Getreide- oder roten Linsenlaibchen und Kartoffel- oder Zucchinipuffern.

Wertvoll wie ein frischer Salat
Kimchi jeder Art eignet sich immer auch als „Notsalat", falls man keinen frischen Salat vorrätig hat. Apfeltrester startet die Fermentation ähnlich gut wie frische Äpfel!

Fermentierte Rote Rüben

Tiefrot und geerdet

Art der Haltbarmachung: **Fermentieren** · Aufwand: **30 Minuten**
Reifezeit: **1 Stunde/4–5 Tage** · Haltbarkeit: **½ Jahr**

ZUTATEN

750 g	Rote Rüben
2 EL	Steinsalz
2 EL	Apfeltrester
1 EL	Kren

ZUBEREITUNG

Rote Rüben sehr gut waschen, putzen, grob reiben, in einer Schüssel mit dem Salz vermischen und etwa eine 1 Stunde ziehen lassen. Trester und Kren zugeben, durchmischen, in die vorbereiteten Gläser füllen und gut verschließen. Bei Raumtemperatur 4–5 Tage fermentieren.

Das Rote-Rüben-Doping

Rote Rüben sollen die Sauerstoffnutzung im Körper effizienter machen und die Ausdauerleistung erhöhen. Untersuchungen mit Radfahrern haben erstaunliche Ergebnisse gebracht, als diese 2–3 Stunden vor der Anstrengung den Saft tranken oder die gekochten Roten Rüben aßen. Wir gehen davon aus, dass die fermentierten Roten Rüben ihre Pflanzenwirkstoffe in eine besonders gute bioverfügbare Form bringen.

Rote Rüben mit Joghurt

Fermentierte Rote Rüben schmecken nicht nur gut zu Blinis, man kann daraus auch eine vorzügliche Joghurtkaltschale, einen „Borschtsch“, zubereiten: Dafür Joghurt (125 ml pro Person), gehackte Rote Rüben, fein gehackte Zwiebeln, Salz und Pfeffer zu einer „Suppe“ verrühren, kalt stellen und mit gehackten gekochten Eiern und frischem Dill servieren.

Kohlrabicarpaccio

Den kohligen Kohlrabi aromatisieren

Art der Haltbarmachung: **Fermentieren** · Aufwand: **15 Minuten**
Reifezeit: **1 Woche** · Haltbarkeit: **3–4 Wochen gekühlt**

ZUTATEN

2	Kohlrabi
1 TL	Kümmel, gequetscht
1 kleiner	Zweig Estragon oder Petersilie
250 ml	Salzlake

ZUBEREITUNG

Kohlrabi schälen und in 1 mm dicke Scheiben hobeln. Mit dem Kümmel vermischen und dicht in das Gärglas füllen. Dazwischen die Kräuter einlegen. Mit Salzlake auffüllen und beschweren. Das Fermentiergut muss mindestens 1,5 cm hoch mit Lake bedeckt sein. Kohlrabi mit losem Deckel bei Raumtemperatur 1 Woche fermentieren.

Carpaccio ganz anders
Diese Kohlrabischeiben werden mit Olivenöl, gerösteten Sonnenblumenkernen, Radieschenvinaigrette und etwas Vogerlsalat zum köstlichen Kohlrabicarpaccio.

Suppenwürze

Frisches Gemüse eingesalzen

Art der Haltbarmachung: **Einsalzen** · Aufwand: **45 Minuten**
Reifezeit: **sofort verwendbar** · Haltbarkeit: **1 Jahr**

ZUTATEN

- Sellerieknolle
- Selleriestange
- Karotten
- Zwiebel
- Knoblauch
- Liebstöckel
- Petersilienwurzel, -grün
- Lauch
- u. a. Gemüse nach Verfügbarkeit
- Steinsalz

ZUBEREITUNG

750 g Gemüse fein raspeln oder in der Küchenmaschine zerkleinern und mit 250 g Salz gut durchmischen. Die Paste in ein Schraubglas füllen und im Kühlschrank lagern.

Die Talente von Salz

Auch wenn wir oft zu viel Salz essen, ist dieses doch für mehrere Abläufe in unserem Körper unbedingt notwendig – etwa um die Natrium-Kalium-Pumpe in Gang zu bringen, die Nährstoffe und Pflanzenwirkstoffe vom Darm ins Blut schleust. Kaliumreiches Gemüse verlangt nach Salz, um ein Gleichgewicht zwischen den Gegenspielern Natrium und Kalium zu halten.

Gemüsearomen nutzen

Vieles an Gemüse und Gemüseabfällen, das gerade anfällt, kann in die Suppenwürze wandern. Das oben angeführte Mengenverhältnis von Gemüse und Salz kann verändert werden: 720 g Gemüse und 280 g Salz ergeben eine Paste, die ohne Kühlung haltbar ist. Auch ein Fleischwolf verwandelt das Gemüse zu einer geeigneten Paste für die Suppenwürze.

Eingelegtes Sommergemüse

Süßsauer, bunt und dekorativ

Art der Haltbarmachung: **Einlegen in Essig** · Aufwand: **1 Stunde**
Reifezeit: **2 Wochen** · Haltbarkeit: **1 Jahr**

ZUTATEN

1 kg	Zucchini
je 1	rote, grüne und gelbe Paprika
2	Pfefferoni
3	gelbe Zwiebeln
6	kleine Estragonzweige
>	evtl. einige Sellerieblätter

Gewürzsud

750 ml	Wasser
250 ml	Apfelessig
200 g	Zucker
1 EL	Einlegegewürz
½ TL	Currypulver
½ TL	Senfkörner
3 TL	Salz

ZUBEREITUNG

Gemüse waschen, putzen und in ca. 2 cm große Stücke schneiden. Für den Sud alle Zutaten miteinander aufkochen und ein paar Minuten kochen lassen. Das Gemüse zugeben und bissfest garen (ca. 5–7 Minuten). Abgeseihtes (noch heißes) Gemüse in Gläser füllen (drei Viertel voll), mit dem kochenden Sud übergießen und sofort fest verschließen. Auf den Deckel stellen und auskühlen lassen.

Die Augen essen mit
Besonders dekorativ wirken die Gläser, wenn man, bevor mit dem Sud aufgefüllt wird, seitlich am Glas noch einmal frische Kräuter einlegt. Mithilfe von Keksausstechern werden aus Paprikaschoten hübsche Motive, die mitgegart und dekorativ angeordnet werden können.

Feine Ergänzung
Perfekt zu jeder Jause oder zu Grillspeisen!

Radieschen mit Jungzwiebeln und Pfefferoni

Blasse Radieschen mit kohliger Note

Art der Haltbarmachung: **Fermentieren** · Aufwand: **10 Minuten**
Reifezeit: **1 Woche** · Haltbarkeit: **mehrere Wochen**

ZUTATEN

2 Bund	Radieschen
6	Jungzwiebeln (ohne Stängel)
½	rote Pfefferoni
½ TL	Piment
½ TL	Korianderkörner
250 ml	2-prozentige Salzlake (1 EL Steinsalz in 1 l Wasser)

ZUBEREITUNG

Radieschen waschen, Stängelansatz und Wurzel entfernen, Jungzwiebeln vierteln, Pfefferoni in Ringe schneiden. Die Gewürze auf den Boden des Glases geben, die restlichen Zutaten dicht einfüllen, mit Salzlake auffüllen und gut beschweren. Glas verschließen und mindestens 1 Woche bei Raumtemperatur stehen lassen.

Sensible Farbe

Die Radieschen schmecken nach einer kurzen Fermentierzeit am besten. Sie verlieren während des Fermentierprozesses stark an Farbe. Dies kann man verhindern, indem man die Gläser dunkel abdeckt. Das funktioniert sehr gut mit einem Stück einer abgeschnittenen Jeans-Hosenröhre oder einem Ärmelstück eines dunklen Pullovers.

Eingelegte Gurken

Süßsaure und erfrischende Köstlichkeit

Art der Haltbarmachung: **Einlegen in Essig** · Aufwand: **30 Minuten**
Reifezeit: **einige Stunden** · Haltbarkeit: **1 Jahr**

ZUTATEN

- 2 Gurken
- 2 EL Steinsalz oder Meersalz
- 500 ml Weinessig
- 500 ml Wasser
- > Zwiebeln, in Stücken, Meerrettich nach Geschmack, geschält und in Stücken

ZUBEREITUNG

Die Gurken schälen, Kerne entfernen, in 2–3 cm große Stücke schneiden, salzen und einige Stunden ziehen lassen. Den Weinessig mit Wasser mischen und einmal aufkochen. Die Gurken mit den Zwiebeln und dem Meerrettich in Schraubgläser geben und mit dem heißen Essigwasser übergießen.
Gut verschließen.

Bekömmliches Einlegen in Essig
Die in Essig eingelegten Gurken fermentieren nicht. Sie bekommen durch den abgekochten und milden Essig dennoch eine bekömmliche und schmackhafte Form. Das Erhitzen vertreibt die spitze, stechende Essigsäure und übrig bleibt eine sanfte Säure.

Essiggurken

selbst gemacht

Art der Haltbarmachung: **Einlegen in Essig** · Aufwand: **30 Minuten**
Reifezeit: **1 Tag/1–2 Wochen** · Haltbarkeit: **1 Jahr**

ZUTATEN

1 kg	kleine Gurken (Snackgurken)
1 l	Wasser
100 g	Salz

Sud

500 ml	Apfelessig
500 ml	Wasser
2	Lorbeerblätter
2 EL	Senfkörner

ZUBEREITUNG

Aus Wasser und Salz eine Lake herstellen, die gewaschenen Gurken einlegen und 1 Tag stehen lassen. Gurken abseihen, mit kaltem Wasser gut abspülen und dicht in sterile Gläser einschlichten. Die Zutaten für den Sud aufkochen, über die Gurken gießen, noch heiß verschließen und die Gläser auf den Deckel stellen.

Gewürzvarianten

Besonders gut passt auch frischer Dill oder Estragon zu den Gurken. Anstatt der oben angeführten Gewürze kann man auch 2 EL eines herkömmlichen Einlegegewürzes nehmen. Einlegeessig und Hesperidenessig verwenden wir nicht. Sie enthalten zugesetzte Aromen und sind zum Teil geschwefelt.

Sandwichgurken

Gurkenscheiben in Gewürzsud

Art der Haltbarmachung: **Einlegen in Essig** · Aufwand: **30 Minuten**
Reifezeit: **3–4 Stunden** · Haltbarkeit: **1 Jahr**

ZUTATEN

2	Schlangengurken
1	kleine Zwiebel

Sud

1 TL	Senfkörner
1 TL	Korianderkörner
3–5	Nelken
2	Lorbeerblätter
½ TL	Currypulver
1 kleine	Zimtrinde
150 ml	Apfelessig
75 ml	Wasser
1 EL	Salz

ZUBEREITUNG

Gurken waschen und in 3 mm dicke Scheiben schneiden. Zwiebel in feine Ringe schneiden. Gewürze leicht andrücken und mit den restlichen Zutaten zum Kochen bringen, Gurkenscheiben und Zwiebelringe zugeben, 1–2 Minuten köcheln. Die Zimtrinde entfernen, noch heiß in Gläser füllen, sofort verschließen, auskühlen lassen und kühl stellen.

Auf Brot und im Burger
Diese Gurken schmecken nicht nur auf belegten Broten, sie passen auch vorzüglich in einen Burger!

Schnelles Geschmacksergebnis
Die Sandwichgurken entfalten bereits nach 3–4 Stunden ihren vollen Geschmack.

Karfiolkimchi

Blumenkohl mit Paprika und Früchten

Art der Haltbarmachung: **Fermentieren** · Aufwand: **1 Stunde**
Reifezeit: **2 Stunden/1 Woche** · Haltbarkeit: **2–3 Monate**

ZUTATEN

1 kg	Karfiol
2	Frühlingszwiebeln
2–3 EL	grobes Steinsalz

Paste

100 ml	Wasser
25 g	Reismehl (alternativ Maismehl)
1 kleine	rote Paprika
½	Apfel oder Birne
2	Knoblauchzehen
3 cm	Ingwerwurzel
6	Frühlingszwiebeln
1 TL	brauner Zucker
1 EL	Würz- oder Sojasauce
1 EL	Chiliflocken

ZUBEREITUNG

Karfiol in kleine Röschen teilen, den Strunk in Scheiben schneiden, die zarten Blätter grob zupfen, mit Salz gut durchmischen und mindestens 2 Stunden stehen lassen (nicht im Kühlschrank!).
Wasser mit Reismehl aufkochen, das fein gehackte oder geriebene Gemüse, das Obst und die übrigen Zutaten zugeben und zu einer Paste verrühren.
Den Blumenkohl gut abspülen, abtropfen lassen und mit der Paste gründlich vermengen. Den Karfiol fest in saubere Gläser hineindrücken, damit sich ausreichend Saft bilden kann; er soll mindestens 1 cm hoch mit Flüssigkeit bedeckt sein. Deckel lose auflegen und bei Zimmertemperatur 2 Tage stehen lassen. Noch einmal bei niedrigerer Temperatur (in einem kühleren Raum) ziehen lassen. Danach dicht verschließen und kühl lagern.

Kimchi als Hauptmahlzeit

Kimchi schmeckt auch gebraten mit Reis sehr gut. Dazu wird Kimchi abgeseiht und die Lake aufgehoben. Etwas Zwiebel in Öl anrösten, wer will kann Hühnerfleisch oder Tofu mitbraten, Reis zugeben und weiterbraten. Kimchi und etwas Lake zugeben und durchwärmen. Eventuell mit frischen Korianderblättern bestreuen.

Romanesco-Karfiolröschen mit roten Zwiebeln

Grün-rot-weißes Ferment

Art der Haltbarmachung: **Fermentieren** · Aufwand: **20 Minuten**
Reifezeit: **1 Woche** · Haltbarkeit: **½ Jahr**

ZUTATEN

1	kleiner Karfiol
1	kleiner Romanesco
1	rote Zwiebel
1	gelbe Paprika
½ TL	Pfefferkörner
½ TL	Senfkörner
500 ml	2-prozentige Salzlake (1 EL Steinsalz in 1 l Wasser)

ZUBEREITUNG

Karfiol und Romanesco waschen, trocken tupfen und in kleine Röschen teilen. Zwiebel schälen, halbieren und in Ringe schneiden. Gewürze und Zwiebelringe auf den Boden eines sauberen Glases legen und das restliche Gemüse dicht in das Glas einschlichten. Mit Salzlake auffüllen und beschweren. Das Fermentiergut muss mindestens 1,5 cm mit Lake bedeckt sein. Mit losem Deckel 1 Woche bei Raumtemperatur fermentieren. Vor dem Genuss mindestens 1 Woche kühl lagern.

Bekömmlicher Salat
Aus fermentiertem Karfiol und Romanesco einen gesunden, schnellen Salat mit Joghurtdressing zubereiten.

Geschmacksrochade
Karfiol kann mit Zitronengras und Salzlake auch ganz anders verwendet werden: Die Blätter des Karfiols können nämlich wie Sauerkraut fermentiert werden.

Karfiol & Romanesco
Von Karfiol und Romanesco essen wir die Blütenknospe. Beide haben ein dezentes Aroma, Romanesco ist noch ein wenig nussiger. Beim Lagern verlieren beide viel von ihrer Frische und von ihren Düften. Beim Kochen wiederum riechen sie schwefelig nach gekochten Eiern, sogar leicht schweißig. Karfiol wird deshalb als Basis für vegane Eiaufstriche verwendet.

Fermentierte Ingwerkarotten

Immunbooster mit Carotinen

Art der Haltbarmachung: **Fermentieren** · Aufwand: **30 Minuten**
Reifezeit: **3 Tage/1 Woche** · Haltbarkeit: **mehrere Wochen**

ZUTATEN

750 g	Karotten
1 EL	frisch geriebener Ingwer
>	Salzlake, 3 Prozent

ZUBEREITUNG

Karotten sehr sauber waschen, eventuell bürsten, grob reiben und mit dem Ingwer vermischen. Fest in ein Glas drücken, sodass sich reichlich Saft absetzen kann. Beschweren und mit Salzlake bedecken. Deckel lose auflegen und 3 Tage bei Raumtemperatur fermentieren. Danach den Deckel fest verschließen und 1 Woche kühler bzw. kalt stellen, damit der Fermentierprozess verlangsamt wird.

Gesund mit Fett und Öl

ß-Carotin ist fettlöslich, Karotten daher immer in Kombination mit fetthaltigen Speisen essen. Aus den fermentierten Ingwerkarotten wird das ß-Carotin gut herausgelöst und für den Körper verfügbar – ein wesentlicher Vorteil gegenüber einer rohen, ungesäuerten Karotte! Die Stärke der rohen Karotte – das wertvolle, hitzeempfindliche Lutein (auch ein Carotinoid), das der gelbe Fleck in den Augen dringend braucht – bleibt selbstverständlich ebenfalls erhalten.

So wird's komplett

Wie wär's also mit Roggensauerteigbrot, Frischkäse, Ingwerkarotten und Nüssen?

Karotten-Ingwer-Shrub

Ein süßsauer-scharfes Getränk

Art der Haltbarmachung: **Fermentieren** · Aufwand: **20 Minuten**
Reifezeit: **2 Tage** · Haltbarkeit: **2 Wochen gekühlt**

ZUTATEN

200 g	Karotten
10 g	Ingwer
	Zimt
½ Tasse	Apfelessig
½ Tasse	Zucker

ZUBEREITUNG

Karotten und Ingwer in der Küchenmaschine zerkleinern und mit etwas Zimt, Essig und Zucker mischen. In ein Glas mit Luftraum geben. 2 Tage ziehen lassen. Dann abseihen und zum Trinken mit Wasser aufgießen.

Ein Snack fürs Büro
Die abgeseihte Masse auf Backpapier ausbreiten, mit einer Küchenrolle bedecken und an einen warmen Ort stellen. Die Masse trocknet in 2–3 Tagen. Dann kann sie in Flakes gerissen werden. Diese sind süßlich und scharf, weil der Ingwer beim Trocknen nachschärft.

Karottenstangerl mit Liebstöckel

Snack für zwischendurch

Art der Haltbarmachung: **Fermentieren** · Aufwand: **30 Minuten**
Reifezeit: **5–7 Tage** · Haltbarkeit: **mehrere Monate**

ZUTATEN

500 g	Karotten (evtl. unterschiedliche Farben)
300 ml	2-prozentige Salzlake nach Bedarf
1 kleiner	Zweig Liebstöckel, Rosmarin oder Thymian

ZUBEREITUNG

Karotten schälen und in ca. ½ cm dicke Stangerl schneiden. Die Karotten auf die Länge des Glases so zurechtschneiden, dass man sie gut unter den Glasrand „einzwängen" kann. Die Karotten in ein 1-Liter-Glas dicht einschlichten und zur Gänze mit Lake bedecken. Den Deckel nur lose auflegen und die Karotten bei Raumtemperatur ca. 5–7 Tage fermentieren. Gärraum nicht vergessen! Danach den Deckel fest verschließen und kühl lagern.

Liebstöckel oder Maggikraut?
Liebstöckel erkennt man an dem sellerieartigen Geruch, der stark an Suppenwürfel erinnert. Daher wird Liebstöckel umgangssprachlich auch oft als „Maggikraut" bezeichnet. Julius Maggi war der Begründer eines Schweizer Unternehmens, das Brühwürfel, Fertigsaucen und Instantsuppen erzeugt.

Der perfekte Snack
Mit einem Kräuterdip, dem man noch etwas Oliven- oder Kürbiskernöl zufügt, und einem guten Brot sind die Karottenstangerl ein vollwertiger kleiner Snack oder eine Vorspeise.

Karottenlachs

Köstlich vegan

Art der Haltbarmachung: **Anfermentieren** · Aufwand: **20 Minuten**
Reifezeit: **1–2 Tage** · Haltbarkeit: **1 Woche gekühlt**

ZUTATEN

6	Karotten
8 EL	neutrales Öl
4 EL	Sojasauce
2 TL	Rauchsalz
3 TL	Ahornsirup oder Zucker
4 EL	milder Essig

ZUBEREITUNG

Karotten schälen und mit dem Spargelschäler in Streifen bringen. 4 Minuten in Wasser kochen und mit kaltem Wasser abschrecken. Im Sieb abtropfen lassen, mit der Marinade mischen und in einem Glas- oder Keramikgefäß verschlossen 1–2 Tage ziehen lassen.

Geschmackserlebnis für Veganer

Besonders gut schmeckt uns der Karottenlachs mit Rauch- oder Algensalz oder sogar einer Mischung der beiden. Leinöl statt neutralem Öl ergibt ebenfalls eine feine Variante. Der Karottenlachs gilt als veganer Ersatz für gebeizten Lachs – und wir persönlich sind uns nicht mehr sicher, welche Version besser schmeckt! Dazu passt Schlagobers mit Kren, etwas Salz und Preiselbeermarmelade oder Granatapfelkernen.

Eingelegte Karotten süßsauer

Eine Variante aus der englisch-indischen Küche

Art der Haltbarmachung: **Einlegen in Essig** · Aufwand: **1 Stunde**
Reifezeit: **1 Tag** · Haltbarkeit: **1 Jahr**

ZUTATEN

400 g	Karotten
1 EL	Salz

Sud

2 EL	Zucker
200 ml	Apfelessig
200 ml	Wasser

Gewürze

20 g	Ingwer, gehackt
1 TL	Korianderkörner, angequetscht
oder	
2 TL	Senfkörner
1	kleine Chilischote

ZUBEREITUNG

Karotten schälen und mit dem Schäler in Streifen hobeln. In einer Schüssel mit dem Salz mischen und eine halbe Stunde ziehen lassen. Dann die Karotten mit dem abgesetzten Saft, Ingwer und Koriander in zwei Schraubgläser füllen. Essig, Wasser und Zucker aufkochen, die Karottengläser auffüllen und fest verschließen.

Karotten für Könige
Die Farbe der Urkarotte ist lila. Angeblich haben holländische Bauern im 18. Jahrhundert die orangen Karotten gezüchtet und diese dem niederländischen Königshaus mit der Königsfarbe Orange (Oranien-Nassau) gewidmet.

Aroma komplett
Petersilienblätter verleihen den Karotten ein zusätzliches feines Aroma.

Gesunde Aufwertung
Die eingelegten Karotten passen zur Jause ebenso wie zu Gegrilltem.

Fermentierter Stangensellerie

mit überraschendem Aroma

Art der Haltbarmachung: **Fermentieren** · Aufwand: **15 Minuten**
Reifezeit: **8 Tage/2 Wochen** · Haltbarkeit: **mehrere Wochen**

ZUTATEN

1	kleiner Stangensellerie
1–2	Fenchel
1 EL	Fenchelsamen
1 EL	Grüne Pfefferkörner
1	Bio-Zitrone
600 ml	2-prozentige Salzlake

ZUBEREITUNG

Sellerie waschen, putzen und in 5 cm lange Stücke schneiden (dicke Stangen eventuell halbieren). Den Fenchel der Länge nach vierteln bzw. achteln. Die Gewürze mit etwas Fenchelgrün auf den Boden von zwei Gläsern verteilen und mit Zitronenscheiben abdecken. Das Gemüse dicht (eventuell stehend) einfüllen und mindestens 1,5 cm hoch mit Salzlake bedecken. Den Deckel lose auflegen und die Gläser bei Raumtemperatur 8 Tage stehen lassen. Danach verschließen und mindestens 3 Wochen bei ca. 18 °C Raumtemperatur nachreifen lassen.

Varianten

Passt vorzüglich zu Gegrilltem, Gebratenem und Salaten. Aus den Selleriestangen kann man pikante Sellerieschifferl herstellen, die man mit Frischkäse oder klein geschnittenen Tomaten- und Mozzarellawürfeln füllt. In manchen Küchen ist er zu Unrecht gänzlich unbekannt.

Entschlackt und schützt unsere Zellen

Sellerie wirkt in jeder Form harntreibend, entwässernd und antioxidativ.

Bleichsellerie

Stangensellerie wird gebleicht und ungebleicht verkauft. Daher auch die Bezeichnung „Bleichsellerie". Ähnlich wie beim weißen Spargel wird Bleichsellerie in kleinen Erdhügeln gezüchtet oder mit dunkler Folie umwickelt. Die Pflanze kann daher kein Chlorophyll entwickeln und bleibt „bleich".

Zucchinikraut

Feine essigsaure Zucchini

Art der Haltbarmachung: **Einlegen in Essig** · Aufwand: **40 Minuten**
Reifezeit: **1–2 Wochen** · Haltbarkeit: **1 Jahr**

ZUTATEN

750 g	Zucchini
1 größere	gelbe Zwiebel
1–2	rote Spitzpaprika
2 TL	Salz

Sud

50 g	Zucker
100 ml	Apfel- oder Weinessig
300 ml	Wasser

ZUBEREITUNG

Zucchini waschen und grob reiben, Zwiebel und Paprika in kleine Würfel schneiden. Das Gemüse gut mit dem Salz durchmischen und ein paar Stunden stehen lassen. Für den Sud Zucker, Essig und Wasser aufkochen. Die Zucchinimischung zugeben und 3–4 Minuten im Sud kochen lassen. Heiß in Gläser füllen, sofort verschließen und kühl lagern.

Sommerliche Frische
Durch die Zugabe von Zitronenschale in den Sud und frischem Basilikum kurz vor dem Abfüllen bekommt der Zucchinisalat eine zusätzliche sommerliche Note!

Gerundet mit Öl
Eignet sich mit etwas Olivenöl mariniert auch gut als kleiner Beilagensalat.

Zucchinigemüse mit Paprika

Milchsauer und bunt

Art der Haltbarmachung: **Einlegen in Essig** · Aufwand: **30 Minuten**
Reifezeit: **30 Minuten** · Haltbarkeit: **6 Monate**

ZUTATEN

750 g	Zucchini
je 1	rote, gelbe und grüne Paprika
3	Knoblauchzehen
½ kleine	Chili
2	Lorbeerblätter
>	Estragonzweige
30 g	Steinsalz
1 l	Wasser

ZUBEREITUNG

Wasser aufkochen, das Salz darin auflösen und gänzlich abkühlen. Zucchini in 1 cm dicke und ca. 10 cm lange Stangen schneiden. Paprika halbieren, entkernen und in passende 1 cm breite Streifen, Chili ringelig und Knoblauch blättrig schneiden. Knoblauch, Chili, Lorbeerblätter und Estragonzweige auf den Boden von zwei Gläsern aufteilen und dicht mit dem Gemüse befüllen. Mit Salzlake auffüllen und den Deckel locker auflegen. Mindestens 1 Woche bei Raumtemperatur fermentieren, verschließen und bei Kellertemperatur weiterfermentieren.

Jeder Schluck unglaublich
Zucchini verlieren in der Lake gerne ihre Festigkeit. Dennoch verwandeln sie die Salzlake in eine derartige Köstlichkeit, dass wir schon allein deswegen gerne Zucchini und Kürbisse fermentieren!

Fermentierter Kürbis im Gewürzsud

Verwandelter Kürbis mit Würze

Art der Haltbarmachung: **Fermentieren** · Aufwand: **40 Minuten**
Reifezeit: **4 Wochen** · Haltbarkeit: **6 Monate**

ZUTATEN

300 ml	Wasser
50 ml	Apfelessig
9 g	Steinsalz
1 TL	Pimentkörner
3	Gewürznelken
1 TL	Senfkörner
1 EL	Honig
400 g	Kürbis, beliebige Sorte
1 kleiner	Zweig Dill

ZUBEREITUNG

Wasser mit den Gewürzen aufkochen, auskühlen lassen und den Honig im Sud vollständig auflösen. Kürbis schälen und in 1 cm große Würfel schneiden. Kürbiswürfel und Dill in Gläser füllen und mit dem ausgekühlten Sud bedecken. Gärgut beschweren und mit losem Deckel 1 Woche bei Raumtemperatur fermentieren. Danach Deckel schließen und 3 Wochen bei Kühlschranktemperatur fertig fermentieren.

Gut kombiniert
Passt besonders gut zu Wildgerichten, vor allem zu Pasteten.

Hokkaido mit Knoblauch

Würzig-süßer Kürbis

Art der Haltbarmachung: **Fermentieren** · Aufwand: **15 Minuten**
Reifezeit: **4 Wochen** · Haltbarkeit: **6 Monate**

ZUTATEN

300 ml	Wasser
50 ml	Weißweinessig
9 g	Steinsalz
½ TL	Piment
3	Gewürznelken
1 EL	Rohzucker
400 g	Hokkaidokürbis
300 g	Knoblauchzehen
2	Thymian- oder Rosmarinzweige

ZUBEREITUNG

Wasser mit Essig, den Gewürzen und dem Zucker aufkochen und vollständig auskochen lassen. Kürbis in 1,5 cm große Würfel schneiden, Knoblauchzehen schälen, ohne sie zu beschädigen. Kräuter, Kürbiswürfel und Knoblauch in Gläser füllen und mit dem Sud übergießen. Gärgut beschweren und mit losem Deckel 5–7 Tage fermentieren. Danach Deckel schließen und 3 Wochen bei Kühlschranktemperatur fertig fermentieren.

Hokkaido aufpeppen
Der Hokkaido ist sehr anpassungsfähig und verträgt sich mit vielen Aromen: Fenchel, Paprika, Lauch, Karotte, Anis, Chili, Nelke, Kreuzkümmel, Piment und Zimt können, je nach Vorliebe, dazu kombiniert werden.

Kürbiskimchi

Kürbis als Vorrat für den Winter

Art der Haltbarmachung: **Fermentieren** · Aufwand: **40 Minuten**
Reifezeit: **1 Woche** · Haltbarkeit: **mehrere Wochen**

ZUTATEN

1 kleiner	Chinakohl
1 kleiner	Kürbis, z. B. Hokkaido o. Ä.
70 g	Ingwerwurzel
5	Knoblauchzehen
1 EL	scharfes Paprikapulver
40 ml	Würzsauce
>	Steinsalz, 2 Prozent der Gesamtmenge

ZUBEREITUNG

Den Chinakohl in feine Streifen schneiden, in reichlich kaltem Wasser einweichen und 2 Stunden ziehen lassen. Kürbis entkernen und fein blättrig schneiden, Ingwer, Knoblauch und Paprikapulver pürieren. Chinakohl gut ausdrücken, mit Kürbisgemüse mischen, abwiegen und 2 Prozent Salz von der Gesamtmenge zugeben. Gut mit der Würzpaste durchmischen und in ein Glas drücken, sodass sich ausreichend Flüssigkeit (mindestens 1,5 cm hoch) absetzt. Eventuell ein Blattstück zum Abschluss auflegen und das Gärgut beschweren. Den Deckel lose auflegen und mindestens 1 Woche bei Raumtemperatur fermentieren. Danach das Glas mit dem Deckel verschließen und bei Kellertemperatur fertig reifen lassen.

Süßsaurer Kürbis

mit aromatischem Ingwer

Art der Haltbarmachung: **Einlegen in Essig** · Aufwand: **30–40 Minuten**
Reifezeit: **1–2 Wochen** · Haltbarkeit: **1 Jahr**

ZUTATEN

1,25 kg	Kürbis mit festem Fleisch (z. B. Muskatkürbis)

Sud

5 cm	Ingwerwurzel, geschält und in dünne Scheiben geschnitten
200 ml	Weißweinessig
300 g	Gelierzucker (2:1)
3	Sternanis
1 TL	Korianderkörner

ZUBEREITUNG

Kürbis schälen, die Kerne entfernen und in 2 cm große Würfel schneiden. Die Zutaten für den Sud aufkochen und die Kürbiswürfel ca. 10 Minuten mitkochen. Mithilfe eines Siebschöpfers die Kürbiswürfel in Gläser füllen. Kürbissud kurz einkochen lassen und die Gläser damit auffüllen. Noch heiß mit dichten Deckeln verschließen.

Die feine Note
Durch die Zugabe von Kreuzkümmel, Curry und Chili bekommt der Kürbis noch eine zusätzliche exotische Note.

Süßsauer und deftig
Der süßsaure Kürbis passt zu Käse und Grillgerichten, aber besonders gut zum Martinigansl oder zu einer Leberpastete.

Kürbismarmelade

3-Zutaten-Marmelade

Art der Haltbarmachung: **Einkochen** · Aufwand: **40 Minuten**
Reifezeit: **1 Woche** · Haltbarkeit: **1 Jahr**

ZUTATEN

1,25 kg	Kürbis (Muskat- oder Butternusskürbis) oder 1 kg Hokkaidokürbis
150 ml	Wasser
400 g	Gelierzucker (2:1)
5 EL	Apfelessig

ZUBEREITUNG

Kürbis schälen (mit Ausnahme des Hokkaido), entkernen, in kleine Würfel schneiden und mit dem Wasser sehr weich dünsten. Noch heiß pürieren, Gelierzucker zugeben und 5 Minuten köcheln lassen, Essig einrühren und in sterile Gläser füllen. Diese verschließen, auf den Deckel stellen und auskühlen lassen.

Weihnachtlich
Gewürznelken und Zimtrinde geben dieser Marmelade noch zusätzliche weihnachtliche Aromen.

Kürbis mag auch Berge
Botanisch gesehen sind Kürbisse Beeren. Da sie nur einjährig sind, zählen sie trotzdem zum Gemüse. Bereits seit dem 16. Jahrhundert werden Kürbisse weltweit angebaut. Sie sind anspruchslos und gedeihen auch problemlos in höheren Lagen.

Weißer Spargel mit Rosa Pfeffer

Weckt nostalgische Erinnerungen

Art der Haltbarmachung: **Fermentieren** · Aufwand: **20 Minuten**
Reifezeit: **1 Woche** · Haltbarkeit: **6 Monate**

ZUTATEN

500 g	weißer dünner Spargel, geschält
2 TL	Rosa Pfeffer
2	Zitronenscheiben
250 ml	2-prozentige Salzlake (1 EL Steinsalz in 1 l Wasser)

ZUBEREITUNG

Spargelenden abschneiden (Länge dem Gärglas entsprechend). Rosa Pfefferkörner und Zitronenscheiben auf den Boden des Glases geben. Spargelstangen mit dem Kopf nach oben stehend eng in das Glas einschlichten und mit Salzlake bedecken. Diese soll mindestens 1,5 cm höher als das Gärgut sein. Gärgut beschweren und den Deckel locker auflegen. Spargel bei Raumtemperatur ca. 1 Woche fermentieren. Kühl lagern!

Schinkenrollen anno dazumal
Manchmal weckt ein Blick in die Retroküche für viele Großeltern und Eltern Erinnerungen. Schinkenrollen mit französischem Salat und Spargel, damals aus der Dose, waren in den 1960er-Jahren eine beliebte Vorspeise.

Grüner Spargel mit Estragon und Dill

Die ganz andere Seite des Spargels

Art der Haltbarmachung: **Fermentieren** · Aufwand: **15 Minuten**
Reifezeit: **1 Woche** · Haltbarkeit: **mehrere Wochen**

ZUTATEN

500 g	grüner Spargel (dünne Stangen)
1 kleiner	Zweig Estragon
1 kleiner	Zweig Dill
1 TL	Pfefferkörner
½ TL	Korianderkörner
½ TL	Fenchelsamen
1 TL	Senfkörner
250 ml	2-prozentige Salzlake (1 EL Steinsalz in 1 l Wasser)

ZUBEREITUNG

Spargel ungeschält auf die gewünschte Länge abschneiden, Gewürze auf den Boden des Gärglases geben und den Spargel stehend dicht einfüllen. Mit Salzlake übergießen (soll das Gärgut mindestens 1,5 cm hoch bedecken), beschweren, Deckel lose auflegen und 1 Woche bei Zimmertemperatur fermentieren. Danach verschließen und kühler lagern.

Suppe aus den Resten
Spargelabschnitte und -schalen kann man zu einer hervorragenden Spargelcremesuppe verarbeiten.

Was den Bifidobakterien schmeckt
Spargel enthält eine bestimmte Art von Kohlenhydraten, die unsere Verdauung nicht zerlegen kann und die deshalb als Ballaststoff gilt: Oligofructosen. Diese schmecken den Bifidobakterien ganz besonders gut. Wir können sie also bei der Fermentation von Spargel anlocken.

Cocktailtomaten mit Zimt und Rosmarin

Die überraschende Aromenkombination

Art der Haltbarmachung: **Fermentieren** · Aufwand: **10 Minuten**
Reifezeit: **2–3 Tage** · Haltbarkeit: **mehrere Wochen**

ZUTATEN

150–200 g	Cocktailtomaten, gelb und rot
1 kleiner	Zweig mediterrane Kräuter (Rosmarin, Basilikum oder Thymian)
1 kleines	Stk. Zimtrinde
250 ml	2-prozentige Salzlake (1 EL Steinsalz in 1 l Wasser)

ZUBEREITUNG

Die gewaschenen, trockenen Tomaten mit einem Zahnstocher zwei- bis dreimal anstechen, die Gewürzkräuter auf den Boden des Glases legen und mit den Tomaten auffüllen. Mit Salzlake bedecken (es soll noch genügend Gärraum bleiben), beschweren und bei Raumtemperatur 2–3 Tage fermentieren. Kühl lagern!

Aromenkombinationen
Die Aromen von Tomaten und Zimt ergänzen sich in perfekter Art und Weise, gemeinsam decken sie das komplette Aromenspektrum ab.

Die Kleinen sind schnell fertig
Die Cocktailtomaten schmecken nach der kurzen Fermentierzeit am besten!

Säure nicht vergessen!
Zugabe für Saucen und Suppen, in die man gerne eine saure Komponente bringen möchte.

Tomaten oder Paradeiser
„Sag mir, ob du Paradeiser oder Tomate sagst, und ich sage dir, wo du herkommst." Das Paradeiser-Sprachgebiet umfasst Wien, Niederösterreich, das Burgenland, Teile Oberösterreichs und Teile der Steiermark. Westlich davon spricht man von Tomaten.

Grüne Tomatenmarmelade

So werden unreife Tomaten zur Delikatesse

Art der Haltbarmachung: **Einkochen** · Aufwand: **40 Minuten**
Reifezeit: **1 Woche** · Haltbarkeit: **1 Jahr**

ZUTATEN

500 g	grüne Tomaten
500 g	Gelierzucker (1:1)
1 kleine	Zimtrinde
2 cm	Ingwerwurzel
1 EL	geriebene Zitronenschale

ZUBEREITUNG

Tomaten waschen und kleinwürfelig schneiden, mit dem Zucker vermischen und langsam zum Kochen bringen. Zimtrinde und geschälte, geriebene Ingwerwurzel zugeben und mindestens 30 Minuten kochen lassen. Gegen Ende der Kochzeit die Zitronenschale zufügen und kurz weiterkochen lassen. Die Zimtrinde entfernen und noch heiß in sterile Gläser füllen, verschließen und auskühlen lassen.

Zur Käseverkostung
Passt gut zu einer Käseplatte mit verschiedenen Chutneys und Marmeladen.

Nichts für Vorsichtige
Eine gute Möglichkeit der Verwertung von unreifen Tomaten, die im Herbst nicht mehr nachreifen. Grüne Tomaten enthalten Solanin, dieses Alkaloid kann bei Menschen in größeren Mengen Vergiftungserscheinungen hervorrufen. Allerdings müsste man 625 g grüne Tomaten essen, um diese auszulösen. Der Solaningehalt steigt, wenn die Pflanze gestresst wird. Wer Bedenken hat, sollte die grünen Tomaten nicht verwenden.

Paprika mit Wermut und Rosmarin

mit eindrucksvoller Bitternote

Art der Haltbarmachung: **Einlegen in Essig-Öl-Marinade** · Aufwand: **90 Minuten**
Reifezeit: **24 Stunden** · Haltbarkeit: **2–3 Wochen**

ZUTATEN

je 3	rote, gelbe und grüne Paprika
6	Knoblauchzehen, in feine Scheiben geschnitten
3 kleine	Rosmarinzweige
125 ml	Olivenöl
60 ml	weißer Balsamicoessig
125 ml	trockener Weißwein
>	1 sehr kleiner Zweig frischer Wermut (2–3 Blätter)
2 TL	Salz

ZUBEREITUNG

Paprika waschen, trocknen und auf ein mit Backpapier belegtes Blech legen, mit Öl bestreichen und bei 200 °C ca. 50 Minuten braten. Während des Bratens immer wieder wenden. Wenn die Haut der Paprika Blasen wirft, ein zweites Blech als Deckel darauflegen und auskühlen lassen. Danach die Paprika halbieren, entkernen, die Stiele entfernen, enthäuten und in 3 cm breite Streifen schneiden. Rosmarin und Knoblauch in etwas Öl anschwitzen, Paprikastreifen zugeben und mit dem restlichen Öl, Weißwein, Essig und dem Wermut ca. 3 Minuten schmoren. Paprika mit der Flüssigkeit noch heiß in Gläser füllen, Oberfläche ca. 3 mm hoch mit Olivenöl bedecken und fest verschließen.

Paprika auf Vorrat
Die Paprika sind im Kühlschrank mindestens 2–3 Wochen haltbar.

Mediterranes Flair
Passen gut auf einen Antipasti-Teller mit Oliven, Prosciutto und Parmesan!

Getrocknete Tomaten

als natürliche Geschmacksverstärker

Art der Haltbarmachung: **Trocknen** · Aufwand: **30 Minuten**
Reifezeit: **5–10 Stunden** · Haltbarkeit: **2 Jahre**

ZUTATEN

- Tomaten

ZUBEREITUNG

Die Tomaten in Scheiben schneiden, einzeln auf ein mit Backpapier belegtes Blech legen und bei 50 °C trocknen. Die Tomaten sind am Ende der Trocknung noch biegsam und ledrig. In einem Glas und lichtgeschützt halten die Tomaten gut bis zu zwei Jahre.

Variante
Die Tomaten, wenn sie bereits auf dem Backpapier liegen, mit Staubzucker und Mittelmeerkräutern (Rosmarin, Thymian, Oregano) bestreuen.

Am Sonnenfenster
Die getrockneten Tomaten vermitteln uns den Geschmack des Sommers. In Süditalien, wo sie besonders gut wachsen, ist das Klima perfekt, um sie in der Sonne zu trocknen. Vor Küchenfenstern, die sich mit Fensterläden vor der Hitze schützen, liegen die halbierten Tomaten und sonnen sich.

Natürliche Tomaten beleben
In Italien, im Land der besten Tomaten, wurden auch die getrockneten Tomaten genau unter die Lupe genommen. Dabei ist aufgefallen, dass ungespritzte und nicht konservierte getrocknete Tomaten ein vielfältiges Mikrobiom entwickeln. Die Mikroben knabbern während der Lagerung an den Farbstoffen und setzen Aromen frei. So kommt der beliebte Umami-Geschmack noch intensiver zur Geltung. Solche Tomaten kann man als fermentiert einstufen, weil die Bearbeitung der Frucht durch die Mikroorganismen so intensiv ist. Immer vorausgesetzt, dass keine Pflanzenschutzmittel oder Konservierungsmittel die Lebendigkeit des Lebensmittels stören.

Tomatenketchup

Fermentiertes Ketchup

Art der Haltbarmachung: **Fermentieren** · Aufwand: **15 Minuten**
Reifezeit: **2–5 Tage** · Haltbarkeit: **2 Monate**

ZUTATEN

750 g	Tomatenmark
2 TL	unbehandeltes Steinsalz
4 EL	Worcestersauce
125 ml	naturbelassener Apfelessig
6 EL	naturbelassener Honig
75 ml	Gemüselake (z. B. Sauerkrautsaft)

ZUBEREITUNG

Alle Zutaten in einer Schüssel gut vermischen, in ein 1-Liter-Einmachglas füllen, mit einem dünnen Tuch oder Filterpapier abdecken und über Nacht bei Raumtemperatur ruhen lassen. Anschließend das Glas mit einem Deckel luftdicht verschließen. Vor Verwendung 2 Tage kalt stellen.
Wer Hot-Ketchup möchte, kann zusätzlich Chili oder geräuchertes Paprikapulver zugeben!

Teufelssauce
Aus Ketchup, fein geschnittenem Schnittlauch und geriebenem Kren kann man eine sogenannte „Teufelssauce“ herstellen, die sehr gut zu Gegrilltem oder Fondue passt.

Entstehung von Klassikern
Das Rezept der „Teufelssauce“ stammt von einer sehr liebenswerten Klosterschwester, die uns so manches Küchengeheimnis verraten hat. Das Ketchup, wie wir es kennen, wurde in Amerika erfunden. Ein deutscher Auswanderer verwertete das Gemüse aus dem heimischen Garten zu einer Sauce. Dazu ließ er sich von der Rezeptur einer asiatischen Würzsauce inspirieren. Sein Name war Henry John Heinz.

Chilimarmelade

Süßsauer-scharf

Art der Haltbarmachung: **Einkochen** · Aufwand: **1 Stunde**
Reifezeit: **2 Tage** · Haltbarkeit: **1 Jahr**

ZUTATEN

400 g	gelbe Zwiebeln
4	rote Chilis (mittlerer Schärfegrad)
2 große	Knoblauchzehen, geschält
100 ml	Apfelessig
250 g	Rohrzucker
2 EL	Wiener Würze

ZUBEREITUNG

Zwiebeln schälen und fein würfelig schneiden. Die Chilischoten halbieren, die Kerne entfernen und in feine Ringe schneiden. Alle Zutaten mit den fein gehackten Knoblauchzehen ca. 40 Minuten kochen und noch heiß in sterile Gläser füllen und verschließen. Zum Auskühlen auf den Deckel stellen.

Ernteverwertung
Eine perfekte Chiliverwertung, wenn man zu Hause eine reichliche Chiliernte hat.

Beliebter Schmerz
Schärfe gilt nicht als Geschmacksempfindung wie süß oder sauer, sondern als Schmerz, der von dem Scharfstoff Capsaicin herrührt. Der Amerikaner Wilbur Lincoln Scoville hat im Jahr 1912 die Scoville-Skala entwickelt, nach der noch heute die Schärfe der Lebensmittel eingeteilt wird.

Curryzwiebeln

Goldene, leicht bekömmliche Zwiebeln

Art der Haltbarmachung: **Fermentieren** · Aufwand: **15 Minuten**
Reifezeit: **1 Stunde/1 Woche** · Haltbarkeit: **6 Monate**

ZUTATEN

1 kg	gelbe oder weiße Zwiebeln
2 TL	Currypulver (mild, nach Belieben auch schärfer)
1 TL	Kurkuma
1 ½ EL	Steinsalz
>	optional ¼ TL Kreuzkümmel und ½ TL Fenchel

ZUBEREITUNG

Zwiebeln fein hobeln oder würfelig schneiden, mit den Gewürzen vermengen und in einer Schüssel ca. 1 Stunde Saft ziehen lassen. Zwiebelmasse in ein Glas füllen, fest hineindrücken, damit sich ausreichend Saft bildet. Die Masse beschweren und das Glas verschließen. Ungefähr 1 Woche bei Raumtemperatur fermentieren.

Eine Woche Wartezeit
Die Curryzwiebeln sind bereits nach einer Woche für Salate, Ragouts und Currys verwendbar.

Bratwurst im Brot
Die fermentierten Curryzwiebeln eignen sich hervorragend zur Herstellung der berühmten und in Salzburg äußerst beliebten Bosna: Ein leicht angetoastetes Weißbrotstangerl, halbiert und mit Senf, Curryzwiebeln, Petersilie, gegrillter Bratwurst und Currypulver gefüllt, ist bei Jung und Alt eine beliebte kleine Mahlzeit.

Bosna in Salzburg
An vielen Straßenecken in Salzburg finden wir die Köstlichkeit, die keine bosnische Spezialität ist. 1949 bereitete der aus Bulgarien stammende Zanko Todoroff das erste Mal im Augustiner Bräu eine Bratwurst nach seinem Rezept zu. „Bosa" heißt im Bulgarischen so viel wie „Jause", und bald darauf war die Bezeichnung „Bosna" geboren. Alle sind sich einige, dass sie wunderbar schmecken, nur ob es „die" oder „das" Bosna heißt, ist heiß umstritten!

Rote Zwiebeln

mit Roten Rüben

Art der Haltbarmachung: **Fermentieren** · Aufwand: **15 Minuten**
Reifezeit: **1 Stunde/1 Woche** · Haltbarkeit: **6 Monate**

ZUTATEN

1 kg	rote Zwiebeln
50 g	Rote Rüben, fein gerieben
2 TL	Senfkörner
1 TL	Korianderkörner
1 ½ EL	Steinsalz

ZUBEREITUNG

Zwiebeln fein hobeln oder würfelig schneiden, mit den Roten Rüben und den Gewürzen vermengen und in einer Schüssel ca. 1 Stunde Saft ziehen lassen. Zwiebelmasse in ein Glas füllen, fest hineindrücken, damit sich ausreichend Saft bildet. Die Masse beschweren und das Glas verschließen. Ungefähr 1 Woche bei Raumtemperatur fermentieren.

Bekömmliches Rot
Die meisten roten Zwiebelsorten haben nicht ganz so viele Lauchöle wie die gelben und sind bekömmlicher. Die schichtweise rote Farbe ist ein gutes Antioxidans und noch dazu eine Zierde in vielen Gerichten.

Rote Zwiebeln zu rotem Fleisch
Durch das Fermentieren werden die Zwiebeln milder und bekömmlicher. Besonders gut schmeckt ein Rindfleischsalat mit fermentierten roten Zwiebeln, Käferbohnen und Kernöl.

Zwiebel-Balsamico-Chutney

Aromatisch süßsauer

Art der Haltbarmachung: **Essigsauer Einkochen** · Aufwand: **1 Stunde**
Reifezeit: **sofort verwendbar** · Haltbarkeit: **1 Jahr**

ZUTATEN

500 g	rote Zwiebeln, fein gehackt
1	Knoblauchzehe, fein gehackt
2 TL	Salz
2 Prisen	Pfeffer
200 g	brauner Zucker
¼ TL	Piment
1 TL	Fenchelsamen
4	Thymianzweige
1	Lorbeerblatt
180 g	Balsamicoessig

ZUBEREITUNG

Alle Zutaten in einem Topf ohne Deckel für ca. 45 Minuten leicht köcheln lassen. Thymian und Lorbeerblatt entfernen, das Chutney in saubere Gläser füllen und gut verschließen.

Flüchtige Schärfe
Die Schärfe der Lauchöle verliert sich beim Kochen und die feine Süße tritt in den Vordergrund.

Kochen macht bioverfügbar
Das Kochen der roten Zwiebeln bringt zwei Effekte: Es macht die roten Flavonoide für den Körper zugänglich und löst das Inulin. Flavonoide sind starke Antioxidantien und Inulin ist ein wirksames Präbiotikum – ein Festmahl für die Darmbakterien!

Grünteezwiebeln

Zwiebeln mit Matchatee

Art der Haltbarmachung: **Fermentieren** · Aufwand: **20 Minuten**
Reifezeit: **1 Tag/1 Woche** · Haltbarkeit: **6 Monate**

ZUTATEN

1 kg	weiße Zwiebeln
1–2 TL	Matchateepulver
1 ½ EL	Steinsalz
½ TL	Kreuzkümmel
½ TL	Anis
½ TL	Koriandersamen

ZUBEREITUNG

Zwiebeln fein hobeln oder würfelig schneiden, mit den Gewürzen vermengen und in einer Schüssel ca. 1 Stunde Saft ziehen lassen. Zwiebelmasse in ein Glas füllen, fest hineindrücken, damit sich ausreichend Saft bildet. Die Masse beschweren und das Glas verschließen. Ungefähr 1 Woche bei Raumtemperatur fermentieren.

Das andere Grün
Grünteezwiebeln passen zu Aufstrichen, kalten Platten und als Topping für Salate und Bowls.

Grünteepulver
Das Grünteepulver gibt eine schöne Farbe und hält Oxidationsreaktionen fern. Grüner Tee gilt als besonders starkes Antioxidans auf Basis seiner Polyphenole.

Eingelegte Schalotten

Die bekömmlichste Art der eingelegten Zwiebeln

Art der Haltbarmachung: **Einlegen in Essig** · Aufwand: **30 Minuten**
Reifezeit: **2 Wochen** · Haltbarkeit: **1 Jahr**

ZUTATEN

500 g	Schalotten
500 ml	Apfelessig
2 EL	Rohrohrzucker
1 TL	Salz (10 g)
2 TL	Schwarze Pfefferkörner
6	Wacholderbeeren

ZUBEREITUNG

Schalotten schälen und dicht in Gläser schichten. Essig, Zucker, Salz, Pfeffer und Wacholder kurz aufkochen und über die Schalotten gießen. Die Gläser verschließen und für 2 Wochen ruhen lassen. Anstatt der Schalotten kann man auch kleine Gemüsezwiebeln verwenden.

Inulin für die Mikroben

Zwiebeln enthalten ziemlich viel Inulin. Das hat nichts mit Insulin, dem Hormon aus der Bauchspeicheldrüse, das den Zucker aus dem Blut in die Körperzellen bringt, zu tun. Es ist ein Ballaststoff. Inulin ist ebenfalls aus Fruchtzuckereinheiten (Fructose) aufgebaut. Wir besitzen kein Enzym für den Abbau von Inulin, dennoch hat es im Dickdarm eine wichtige Funktion: Es nährt die Darmbakterien und ist deshalb ein Präbiotikum.

Eingelegter Knoblauch

Würziges für saubere Blutgefäße

Art der Haltbarmachung: **Einlegen in Öl** · Aufwand: **20 Minuten**
Reifezeit: **2 Wochen** · Haltbarkeit: **4–6 Monate**

ZUTATEN

- 5 Knoblauchknollen, in Zehen geteilt und geschält
- > frische Rosmarinzweige
- > frische Thymianzweige
- > Zitronenschale, getrocknet
- > Chili
- 1 TL Schwarze Pfefferkörner, angequetscht
- > Olivenöl

ZUBEREITUNG

Die Knoblauchzehen in ein sauberes Schraubglas geben, Gewürze dazustecken und mit Olivenöl übergießen. Alle Zutaten sollen von Öl bedeckt sein. Das Glas gut verschließen. Das würzige Öl 2 Wochen bei Zimmertemperatur ziehen lassen, dann kann der Knoblauch verwendet werden.

Für saubere Blutgefäße
Knoblauch ist eine anerkannte Heilpflanze: Er schützt die Blutgefäße vor Ablagerungen, hält das Blut dünnflüssig und fördert die Verdauung. Das hat oft auch einen guten Einfluss auf die Blutfette und den Blutdruck.

Trockenheit erwünscht!
Kräuter und Gewürze müssen sehr trocken sein, sonst kann das Öl zu schimmeln beginnen.

Mild und wirksam
Die Scharfstoffe im Knoblauch sind fettlösliche Lauchöle, deshalb hat der Ölauszug hier besondere Vorteile. Das Olivenöl mit der Knoblauchnote liefert unserem Körper diese Lauchöle in gut verwertbarer Form. Auch auf das Mikrobiom wirkt der Knoblauch, indem er eine feine Auslese der Mikroorganismen vornimmt.

Multitalent
Der würzige Knoblauch und das Öl können vielseitig für Saucen, Suppen, Eintöpfe, Fisch- und Fleischgerichte verwendet werden.

Pilze

Getrocknete Pilze

Pikantes Würzpulver und Pilzsalz

Art der Haltbarmachung: **Trocknen** · Aufwand: **30 Minuten (ohne Sammeln)**
Reifezeit: **mehrere Stunden** · Haltbarkeit: **2 Jahre**

ZUTATEN

- frische Pilze

ZUBEREITUNG

Alle Teile der Pilze mit einem Pinsel oder eine Bürste putzen und hobeln oder in dünne Scheiben schneiden. Auf dem Backofengitter auflegen und bei 40 °C trocknen. Wenn sie rascheltrocken sind – das dauert meistens 5–6 Stunden –, werden die Pilze in der Kräutermühle oder Küchenmaschine pulverisiert. Das Pilzpulver kann mit 2 Teilen Salz zu einem Pilzsalz gemischt werden.

Trocknen von Pilzen
Besonders gut eignen sich wild gewachsene Steinpilze, Habichtspilze und Morcheln oder gezüchtete Austernpilze und Shiitake zum Trocknen. Auch an der Luft trocknen Pilze gut, wenn sie in der Nähe einer Heizquelle aufgefädelt und aufgehängt werden. Als Pulver sind sie ein Umami-Konzentrat und damit ein natürlicher Geschmacksverstärker.

Umami
Das Pilzpulver bringt einen würzigen Umami-Geschmack in Kartoffelgerichte, Nudelgerichte, Risotto, Saucen, Suppen und Pilzbutter.

Eierschwammerl im Wacholdersud

Frisch aus dem Wald haltbar gemacht

Art der Haltbarmachung: **Einlegen in Essig** · Aufwand: **45 Minuten**
Reifezeit: **1–2 Wochen** · Haltbarkeit: **1 Jahr**

ZUTATEN

1 kg	geputzte Eierschwammerl

Sud

750 ml	Wasser
250 ml	Essig
3	gelbe Zwiebeln, in Ringe geschnitten
4–5	Knoblauchzehen, in Scheiben geschnitten
1,5 EL	Wacholderbeeren
4	Lorbeerblätter
40 g	Salz

ZUBEREITUNG

Für den Sud alle Zutaten miteinander aufkochen. Die geputzten, sauberen Schwammerl portionsweise in einer weiten Pfanne ohne Fett erhitzen. Die austretende Flüssigkeit einkochen lassen. Die Eierschwammerl nun in kleinere Gläser füllen und mit dem sehr heißen Sud übergießen, dicht verschließen und kurz auf den Deckel stellen. Auskühlen lassen und vor dem Genuss mindestens 1 Woche kalt stellen.

Eierschwammerl sind Pfifferlinge
Die eingelegten Eierschwammerl passen zu jeder Jause und besonders gut zu gegrilltem oder geräuchertem Wildfleisch.

Mediterran
Durch die Zugabe von Thymian und Rosmarin bekommen die Schwammerl ein besonders mediterranes Aroma!

Fermentierte Eierschwammerl

Überraschend säuerliche Pfifferlinge

Art der Haltbarmachung: **Fermentieren** · Aufwand: **30 Minuten (ohne Sammeln)**
Reifezeit: **10 Wochen** · Haltbarkeit: **6 Monate**

ZUTATEN

- > Eierschwammerl (Pfifferlinge)
- 2 Chilischoten
- 1 TL Schwarze Pfefferkörner, angequetscht
- 3 Knoblauchzehen, geschält und halbiert
- > Weinblätter
- > 2-prozentige Salzlake

ZUBEREITUNG

Die Pilze putzen und in Stücke schneiden, die höchstens ½ cm dick sind. In ein Halbliterglas geben, Chili und Knoblauch dazugeben und leicht festdrücken. Mit einem Weinblatt abdecken.
Die Salzlake bis 3 cm unter den Glasrand einfüllen. Das Glas verschließen und ungefähr 1 Woche in der Küche stehen lassen. Danach für 2–4 Wochen bei etwa 15 °C weiterreifen lassen und zum Schluss für mindestens 4 Wochen bei 6–10 °C fermentieren.

Vitamin D aus Pilzen
Pilze sind die wichtigsten Quellen für Pro-Vitamin D2, die Vorstufe für Vitamin D.

Warum nicht Pilze zur Jause?
Eignen sich wunderbar für Salate oder andere kalte Gerichte.

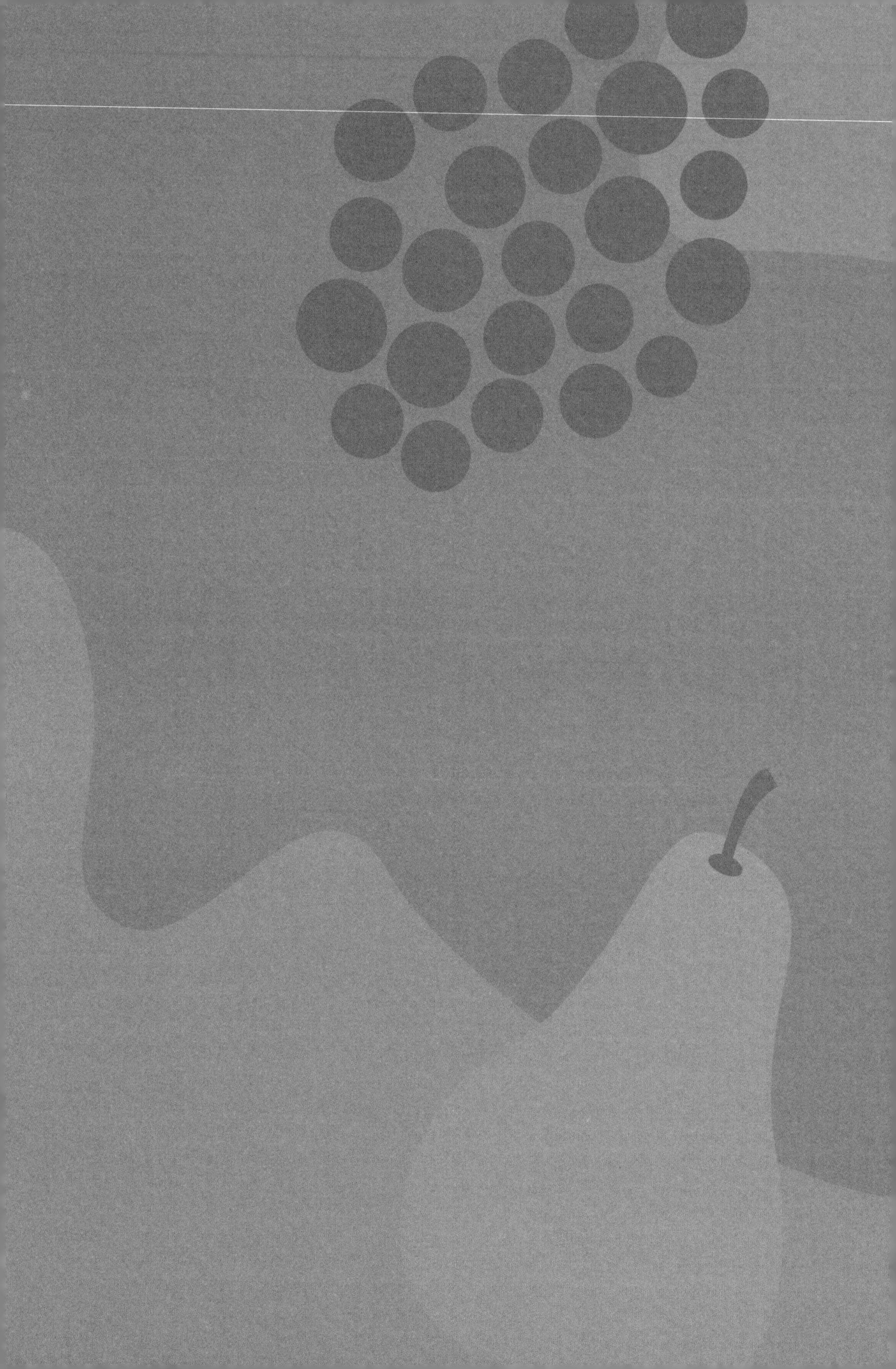

Obst

Apfelbutter

Apfel als Brotaufstrich

Art der Haltbarmachung: **Einkochen** · Trocknungstemperatur: **40–42 °C**
Trocknungszeit: **10–12 Stunden** · Haltbarkeit: **1 Jahr**

ZUTATEN

2 kg	Äpfel
5 cm	Zimtrinde
4	Nelken
½ Tasse	Wasser
1 Prise	Salz

ZUBEREITUNG

Äpfel schälen und entkernen. Zimt und Nelken in einen Papier-Teefilter geben. Die Äpfel mit dem Gewürzsäckchen und dem Wasser in einem großen Topf ungefähr eine Stunde leicht köcheln lassen. Dann das Gewürzsäckchen entfernen und die weichen Äpfel pürieren. Salz zugeben und weiterköcheln lassen, bis die Apfelmasse die richtige Streich-Konsistenz hat. Das kann bis zu 2 Stunden dauern. Dabei immer wieder umrühren. Übrig bleibt ungefähr ein halber Liter. Die Apfelbutter in saubere Gläser füllen und im Kühlschrank lagern.

Fruchteigener Zucker

Die Apfelbutter enthält keinen zugesetzten Zucker und ist dennoch süß. Durch das starke Einkochen steigt der apfeleigene Zuckeranteil. Traditionell wurden viele Früchte auf diese Art und Weise eingekocht – man denke etwa an Zwetschken, die oft 3–4 Stunden oder noch länger geköchelt wurden.

Apfelmarmelade mit Salbei

Heilsamer Fruchtaufstrich

Art der Haltbarmachung: **Einkochen** · Aufwand: **1 Stunde**
Reifezeit: **sofort verwendbar** · Haltbarkeit: **1 Jahr**

ZUTATEN

1,5 kg	grüne, unreife Äpfel
>	1–2 Tassen Wasser
750 g	Feinkristallzucker
>	1 Handvoll frische Salbeiblätter

ZUBEREITUNG

Die Äpfel waschen, vierteln und das Kerngehäuse herausschneiden. Unter Zugabe von Wasser sehr weich dünsten (Deckel verwenden!). Die gedünsteten Äpfel durch ein Sieb streichen und 1 kg Apfelmus abwiegen. Apfelmus, Zucker und Salbeiblätter ungefähr 20 Minuten kochen (Gelierprobe machen!). Heiß in sterile Gläser füllen, verschließen und zum Auskühlen auf den Deckel stellen.

Mehrfache Wirkung
Die Apfelmarmelade schmeckt eher pikant und hat durch die Gerbstoffe des Salbeis und die gequollenen Pektine der Äpfel eine entzündungshemmende und präbiotische Wirkung.

Salbei mit seinen Gerbstoffen
In der Volksmedizin findet Salbei als Tee oder Spülung vor allem bei Hals- oder Kehlkopfentzündungen, Heiserkeit und anderen Entzündungen in Mund und Rachen Verwendung. Die Gerbstoffe des Salbeis wirken am besten, wenn sie wie in dieser Marmelade 15–20 Minuten wässrig gekocht wurden.

Apfelspalten und Apfelringe

Für den gesunden Genuss zwischendurch

Art der Haltbarmachung: **Trocknen** · Trocknungstemperatur: **40–42 °C**
Trocknungszeit: **10–15 Stunden** · Haltbarkeit: **2 Jahre**

ZUTATEN

1 kg Äpfel

Zitronenwasser
1 EL Zitronensaft
1 Tasse Wasser

alternativ Salzwasser
1 TL Salz
500 ml Wasser

ZUBEREITUNG

Die ganzen Äpfel hobeln, wer das Kerngehäuse als störend empfindet, kann sie entkernen. Wasser und Zitronensaft mischen und die Apfelstücke damit benetzen.

Saure Äpfel werden süß
Saure Äpfel – etwa der alte Boskop, Elstar oder Berlepsch – schmecken getrocknet besonders gut, sie sind dann intensiv süßsauer.

Die Lebendigkeit steigt
Getrocknete und nicht konservierte Äpfel können wir als fermentierte Lebensmittel einstufen: Das Zitronenwasser lenkt das Wachstum der Mikroben in eine gute Richtung, weil vor allem Milchsäurebakterien dieses leicht saure Milieu lieben. Auch das Salzwasser stärkt das Bakterienwachstum. Bei trockener und dunkler Lagerung schenken wir ihnen die nötige Zeit, um ein starkes Mikrobiom auf dem Apfel zu bilden.

Traditioneller Aufguss
Apfelspalten haben lange Tradition als Obstversorgung im Winter. Besonders gerne wurden sie an kalten Tagen mit heißem Wasser aufgegossen. Heiße Apfelbrühe und gequollene Apfelstücke waren eine süße und wärmende Köstlichkeit. So gelangten „Speitelbrühe“ oder „Speitelsuppe“ zu regionaler Berühmtheit. Heute, wo der Sparherd nicht mehr den ganzen Tag in Betrieb ist, eignen sich die dünnen Apfelscheiben besser für energiesparendes Trocknen.

Apfelschalen

Zu schade zum Wegwerfen

Art der Haltbarmachung: **Trocknen** · Trocknungstemperatur: **40–42 °C**
Trocknungszeit: **10–12 Stunden** · Haltbarkeit: **2 Jahre**

ZUTATEN

> anfallende Apfelschalen

Zitronenwasser

1 EL	Zitronensaft
1 Tasse	Wasser

alternativ Salzwasser

TL	Salz
500 ml	Wasser

ZUBEREITUNG

Die Apfelschalen mit Zitronen- oder Salzwasser besprühen oder benetzen und trocknen.

Apfelschalen mit Kräutern
Die Apfelschalen pur oder gemischt mit anderen Trockenfrüchten und Kräutern mit heißem Wasser aufgießen, 5–10 Minuten ziehen lassen, abseihen und trinken.

Schmeichelt dem Darm
Das Pektin aus Apfelspalten oder Apfelschalen quillt mit heißem Wasser auf und wird zum wirksamen Präbiotikum.
Die Darmbakterien verspeisen es, gewinnen neue Energie und vermehren sich.

Apfel mit Farbe und Schärfe
Viele Früchte passen gut zu Äpfeln, die Bandbreite für Früchtetees ist groß. Probieren Sie Ingwer, Hibiskus und Zitronenschale zu den Apfelschalen – der rote, fruchtig-scharfe Tee schmeckt vorzüglich!

Apfel-Brombeer-Fruchtleder

Dunkel, kräftig und voller Pflanzenenergie

Art der Haltbarmachung: **Trocknen**
Aufwand: **15 Minuten** · Trocknungszeit: **10–15 Stunden** · Haltbarkeit: **2 Jahre**

ZUTATEN

500 g Äpfel
500 g Brombeeren

ZUBEREITUNG

Äpfel mit der Schale und Brombeeren zusammen pürieren, 3–5 mm dick auf Backpapier streichen und bei 42 °C trocknen. Dann abziehen, in Streifen schneiden und in einem Glas aufbewahren.

Der Apfel harmoniert gerne
Apfel kann mit vielen anderen Obstsorten, Kräutern und Gewürzen kombiniert werden: Marille (Aprikose), Brombeere, Heidelbeere, Zitrone, Bergamotte, Limette, Bitterorange, Rosine, Haselnuss, Wacholder, Ingwer, Hibiskus, Zimt, Nelke, Rosenblüten, Rosa Beeren, Thymian, Zitronenverbene, Salbei und auch noch einige andere. Der Apfel gibt dem Fruchtleder Körper und Fülle und lässt die Aromen der Partner gut zur Geltung kommen.

Quittenbrot

Herb-süß

Art der Haltbarmachung: **Trocknen**
Aufwand: **1 Stunde** · Trocknungszeit: **10–15 Stunden** · Haltbarkeit: **2 Jahre**

ZUTATEN

1 kg	Quitten, gewaschen und in grobe Würfel geschnitten
300 ml	Wasser
500 g	Gelierzucker (2:1)

ZUBEREITUNG

Quitten in Wasser mindestens 40 Minuten sehr weich dünsten. Mit einem Passiersieb passieren oder durch ein Sieb streichen. Das Fruchtpüree mit dem Gelierzucker etwa 10 Minuten aufkochen, auf zwei mit Backpapier belegte Backbleche streichen und bei 70 °C für 15–20 Stunden trocknen.

Praxistipp

Mit dem Backpapier mit einer Schere oder einem scharfen Messer in Streifen schneiden und das Papier erst anschließend abziehen. Das Quittenbrot in Gläsern aufbewahren.

Weihnachtsmarmelade

Weihnachtliches Aroma schon am Frühstückstisch

Art der Haltbarmachung: **Einkochen**
Aufwand: **1 Stunde** · Reifezeit: **sofort verwendbar** · Haltbarkeit: **1 Jahr**

ZUTATEN

500 g	Äpfel, geschält und entkernt
400 g	Zwetschken, gewaschen und entkernt
10	Dörrpflaumen, entkernt
150 ml	Orangensaft, frisch gepresst
100 ml	Rotwein (optional)
1	Bio-Orange, Abrieb
2–3 cm	Zimtrinde
½ Stk.	Sternanis
>	etwas Vanilleschotenpulver
300 g	Gelierzucker (3:1)

ZUBEREITUNG

Äpfel grob reiben, Zwetschken und Dörrpflaumen klein schneiden. Alle Zutaten miteinander vermengen und ca. 15 Minuten kochen lassen. Zimtrinde und Sternanis entfernen, noch heiß in sterile Gläser füllen und verschließen. Zum Auskühlen auf den Deckel stellen.

Aufpeppen für Erwachsene
Wird die Weihnachtsmarmelade für Erwachsene zubereitet, kann man diese mit einem Schuss Rum oder Orangenlikör „aufwerten".

Das Brot versüßen
Eine Kaffeejause im Advent mit Weihnachtsmarmelade und selbst gebackenem Roggensauerteigbrot ist eine gute Alternative zu Weihnachtskeksen und Lebkuchen.

Safranbirnen

Goldgelbes Kompott

Art der Haltbarmachung: **Sterilisieren**
Aufwand: **30 Minuten** · Sterilisierzeit: **20 Minuten** · Haltbarkeit: **1 Jahr und länger**

ZUTATEN

750 g	feste Birnen

Sud

1	Zitrone, Saft und Schale
0,2 g	Safranfäden
1–2	Vanilleschoten
7	Gewürznelken
250 ml	Weißwein
1 l	Wasser
ca. 200 g	Zucker (nach Geschmack auch etwas mehr)

ZUBEREITUNG

Birnen schälen, halbieren und das Kerngehäuse mit einem Löffel entfernen. Die Hälften mit Zitronensaft beträufeln, damit sie nicht braun werden. Die Safranfäden in einem Mörser zerkleinern und mit 1 EL Wasser oder Wein vorquellen lassen. Die übrigen Zutaten aufkochen, 5 Minuten leicht köcheln lassen. Safran einrühren und Gewürze entfernen. Die Birnenhälften dicht in 2 Weckgläser füllen und mit dem Sud auffüllen. Darauf achten, dass die Früchte bedeckt sind, jedoch 2 cm bis zum Glasrand frei bleiben. Im Backrohr sterilisieren.

Qualität entscheidet
Safran war im Mittelalter dreimal so teuer wie Pfeffer und galt als Aphrodisiakum für Frauen und Männer. In vielen Kulturen war es Brauch, den Hochzeitsschleier mit Safran einzufärben. Guter Safran ist tiefrot, duftet herb, rauchig, ledrig und erdig und gibt an Wasser sofort seine goldgelbe (keine rote!) Farbe ab.

Hochwertig
Safran ist teuer und wertvoll, der Einsatz lohnt sich jedoch!

Goldgelb und Gold wert
Diese Birnen haben eine wunderschöne goldgelbe Farbe und harmonieren besonders gut mit Schokolade. Unser Vorschlag für ein wunderbares Dessert: Mousse au Chocolat mit Safranbirnen.

Erdbeer-Rhabarber-Marmelade

mit feiner Säure

Art der Haltbarmachung: **Einkochen**
Aufwand: **45 Minuten** · Reifezeit: **keine** · Haltbarkeit: **1 Jahr**

ZUTATEN

750 g	Erdbeeren
300 g	Rhabarber
500 g	Gelierzucker (2:1)
>	Saft von 1 Zitrone oder ½ TL Zitronensäure

ZUBEREITUNG

Die gewaschenen, trockenen Erdbeeren putzen und je nach Größe vierteln oder achteln.
Die Rhabarberstangen waschen, schälen und in ca. 5 mm dicke Scheiben schneiden. Alle Zutaten miteinander vermengen und ca. 10 Minuten leicht köcheln lassen. Noch heiß in sterilisierte Gläser füllen, verschließen und zum Auskühlen auf den Deckel stellen.

Organische Säuren

Erdbeeren gelten im Volksglauben seit jeher als aphrodisierend und wurden in der Antike den Liebesgöttinnen zugeordnet. Unbestritten ist der Gehalt an abwehrstärkendem Vitamin C und Salicylsäure, die in der Naturmedizin bei Beschwerden wie Rheuma und Kopfschmerzen empfohlen wird.

Farbe erhalten

Besonders Erdbeeren verlieren durch den Kochvorgang leicht die intensive rote Farbe. Durch die Kombination mit Rhabarber und die Zugabe von Zitronensäure bleibt die Farbe weitgehend erhalten.

Oxalsäure aus Rhabarber

Oxalsäure wird heute nicht mehr isoliert, sondern immer im Zutatenverband und im Kochprozess gesehen. Der Zitronensaft verhindert hier, dass sich die Oxalsäure entfaltet.

Erdbeer-Rhabarber-Fruchtleder

Fruchtig-säuerlicher Vitaminsnack für zwischendurch

Art der Haltbarmachung: **Trocknen**
Aufwand: **30 Minuten** · Trocknungszeit: **10–15 Stunde** · Haltbarkeit: **2 Jahre**

ZUTATEN

500 g	Rhabarber
500 g	Erdbeeren
3 EL	Honig

ZUBEREITUNG

Alle Zutaten miteinander pürieren, 3–5 mm dick auf Backpapier streichen und bei 42 °C trocknen. Dann abziehen, in Streifen schneiden und in einem Glas aufbewahren.

Fermentiert durch Trocknen?
Der Honig lenkt die Bakterien- und Hefemischung auf dem Erdbeer-Rhabarber-Fruchtleder in eine gute Richtung. Das Fruchtleder entwickelt sein eigenes Mikrobiom, wobei die Mikroben die Farbstoffe der Früchte für unsere Verdauung aufbereiten. Unsere selbst getrockneten, naturbelassenen Lebensmittel kräftigen das Mikrobiom. Kein Konservierungsstoff oder sonstiger Zusatz stört die Kleinstlebewesen dabei!

Himbeer-Basilikum-Essig

Der feine Essig für Blattsalate

Art der Haltbarmachung: **Essigauszug**
Aufwand: **15 Minuten** · Ausziehzeit: **1–2 Wochen** · Haltbarkeit: **8 Monate**

ZUTATEN

50–80 g	frische Himbeeren
1 Zweig	frisches Basilikum
500 ml	Apfelessig, reiner Gärungsessig

ZUBEREITUNG

Die Himbeeren und das Basilikum in eine Flasche geben und mit Apfelessig auffüllen. Den Ansatz mindestens 1 Woche ziehen lassen. Himbeeren und Basilikum können während der Verwendung in der Flasche bleiben.

Himbeeren & Basilikum
Nur wenige Himbeeren und ein Zweig Basilikum sind notwendig, um dem halben Liter Essig ein überraschendes Aroma einzuhauchen.
Wir nehmen gerne Strauchbasilikum, das ist robuster und hat eine feine Schärfe.

Die inneren Werte der Himbeeren
Himbeeren enthalten eine ganze Menge an Säuren. Diese sind aber im Mund kaum spürbar, weil Himbeeren gleichzeitig voller Schleimstoffe sind. Diese Schleimstoffe sind es auch, die das weiche, wolkige Gefühl von frischen Himbeeren im Mund auslösen.
Im Shrub mildern die Schleimstoffe die Essigsäure, so entfaltet sich ein ausgewogenes, säuerliches Getränk.

Himbeer-Thymian-Shrub

Mild-saures Essiggetränk

Art der Haltbarmachung: **Fermentieren**
Aufwand: **15 Minuten** · Reifezeit: **2 Tage** · Haltbarkeit: **2 Wochen**

ZUTATEN

2 Tassen	Himbeeren
1 Tasse	Rohrohrzucker
1 EL	Thymian
½ Tasse	Apfelessig

ZUBEREITUNG

Alle Zutaten mischen, die Beeren etwas quetschen und in einem Glas mit Luftraum 2 Tage fermentieren. Dann alles abseihen und in eine Flasche füllen. Zum Genießen mit Wasser oder Soda aufgießen.

Erfrischend
Mit Wasser verdünnt als süßsaures Getränk servieren.

Nüsschen
Himbeeren sind Sammelsteinfrüchte – Scheinfrüchte von Nüsschen. Beim Trocknen kommen die Nüsschen stark hervor und überraschen ein wenig beim Hineinbeißen. Sie erzeugen ein ganz eigenwilliges Mundgefühl.

Himbeerfruchtleder

Macht einen nussigen Anschein

Art der Haltbarmachung: **Trocknen**
Aufwand: **15 Minuten** · Trocknungszeit: **10–15 Stunden** · Haltbarkeit: **2 Jahre**

ZUTATEN

500 g	Himbeeren
2 EL	Zitronensaft
2 EL	Honig

ZUBEREITUNG

Himbeeren pürieren, Zitronensaft und Honig zugeben, 3–5 mm dick auf Backpapier streichen und bei 42 °C trocknen. Dann abziehen, in Streifen schneiden und in einem Glas aufbewahren.

Himbeerkracherl

Ein himmlisches fermentiertes Getränk

Art der Haltbarmachung: **Fermentieren**
Aufwand: **15 Minuten** · Trocknungszeit: **2–3 Tage** · Haltbarkeit: **wenige Tage gekühlt**

ZUTATEN

100 g	Himbeeren (frisch oder aufgetaut)
100 g	Zucker
2 l	Wasser
2 EL	unpasteurisierter Bio-Apfelessig

ZUBEREITUNG

Himbeeren mit einer Gabel leicht anquetschen und in ein Einmachglas mit 2,5 Litern Fassungsvermögen geben. Zucker im Wasser auflösen, Apfelessig hinzufügen und über die Himbeeren gießen. Das Einmachglas mit einem Tuch abdecken und bei Zimmertemperatur ohne direkte Sonneneinstrahlung fermentieren. In den kommenden 2–3 Tagen ändert sich die Farbe und der Geschmack wird fein fruchtig-säuerlich. Wenn Säure und Zucker geschmacklich passen, das Himbeerkracherl abseihen, in Flaschen füllen, in den Kühlschrank stellen und bald genießen.

Varianten

Natürlich können auch andere Beeren und Pflanzen verwendet werden. Vielleicht eine Handvoll Walderdbeeren, einige Rosenblüten oder Lavendel? Thymian und Rosmarin passen ebenso gut. Das Himbeerkracherl wird mit Soda oder Leitungswasser gespritzt serviert.

Wie Rezepte entstehen

Das Himbeerkracherl ist im Lehrgang zur Pflanzenheilkunde-Praktikerin entstanden. Die Kursleiterin Ricarda hat mit fermentierten Getränken experimentiert, mit ihren begeisterten Kolleginnen und Kollegen diskutiert und ausprobiert. Sie erinnerte sich auch an ihre Zeit im Restaurant Obauer in Werfen, wo gelegentlich mystische Flaschen mit Wasser, Zucker und Schwarzbeeren hinter dem Haus standen und vor sich hin reiften. Herrlich sprudelnde Getränke entstanden dort! Der Weg zur Rezeptur ist oft genauso inspirierend wie das Ergebnis selbst!

Fermentierte Marillen

Prickelndes Marillenerlebnis

Art der Haltbarmachung: **Fermentieren**
Aufwand: **15 Minuten** · Trocknungszeit: **2 Tage** · Haltbarkeit: **1 Jahr kühl**

ZUTATEN

500 g	Marillen, nicht voll ausgereift
10 g	Kurkumawurzel
½ kleine	Chili, ohne Kerne (!)
1 TL	Honig
1 EL	Apfelessig
1 EL	Steinsalz
1 TL	Korianderkörner
1 kleine	Zimtrinde
½	Bio-Zitrone, Schale

ZUBEREITUNG

Marillen waschen, halbieren und entkernen. Kurkumawurzel waschen und fein blättrig schneiden, die Zitrone dünn abschälen und die Chili fein ringelig schneiden. Honig in Apfelessig auflösen. Alle Zutaten miteinander vermischen, fest in ein Glas hineindrücken, beschweren und den Deckel lose auflegen. 2 Tage bei Raumtemperatur stehen lassen und das Gärgut immer wieder fest hineindrücken. Sobald sich Bläschen bilden, fest verschließen und im Kühlschrank lagern. Nach 2 Wochen dominiert zunehmend die Säure.

Orange und sanft säuerlich
Schmeckt ausgezeichnet zu Käse, besonders zu Camembert.

Marillenröster

Traditionelles Kompott

Art der Haltbarmachung: **Sterilisieren**
Aufwand: **1 Stunde** · Trocknungszeit: **12 Stunden** · Haltbarkeit: **1 Jahr und länger**

ZUTATEN

1 kg	Marillen (sehr reif)
ca. 200 g	Feinkristallzucker (nach Geschmack etwas mehr)
½	Zitrone, Schale
1 Stk.	Zimtrinde

ZUBEREITUNG

Marillen waschen, entkernen, mit den restlichen Zutaten marinieren und 12 Stunden stehen lassen. Mindestens 20 Minuten unter ständigem Rühren kochen lassen. Gewürze entfernen, heiß in vorbereitete Gläser füllen, verschließen und sterilisieren.

Gut gelagert
Sterilisieren gilt als sicherere Methode zur Haltbarmachung, wenn beim Einkochen Zucker reduziert werden soll. Man kann den Röster auch in Schraubverschlussgläser füllen und wie Marmelade lagern.

Mehlspeisenkrönung
Marillen- und Zwetschkenröster sind die klassischen Kompotte zum Kaiserschmarren!

Marillenmarmelade

Der Klassiker der österreichischen Mehlspeisküche

Art der Haltbarmachung: **Einkochen**
Aufwand: **40 Minuten** · Ziehzeit: **12 Stunden** · Haltbarkeit: **1 Jahr**

ZUTATEN

1 kg	Marillen (netto, ohne Kerne)
500 g	Gelierzucker (2:1)
2 EL	Zitronensaft
1 TL	Vanilleschote gemahlen

ZUBEREITUNG

Marillen waschen, entkernen und vierteln. Mit dem Zucker gut vermengen und über Nacht stehen lassen. Aufkochen und mindestens 3 Minuten sprudelnd kochen. Zitronensaft und Vanille einrühren und noch 2 Minuten weiterkochen. Sofort in sterilisierte Gläser füllen, verschließen und zum Auskühlen auf den Deckel stellen.

Stückig oder samtig fein?
Wenn man die Marmelade cremig haben will, kann man diese vor dem Abfüllen mit einem Pürierstab pürieren.

Aprikotieren
Zum Füllen von Palatschinken, Buchteln, Krapfen, Keksen und zum Aprikotieren von Kuchen und Torten. Das Aprikotieren ist das Bestreichen von Kuchen und Torten mit heißer Marillenmarmelade. Dadurch werden die Poren des Gebäcks mit Marmelade gefüllt und die später aufgebrachte Glasur haftet gut und kann schön abfließen.

Marmeladestreit
Die Marillenmarmelade ist eine der beliebtesten Marmeladen der Österreicher:innen. Laut einer EU-Verordnung aus dem Jahre 1979 ist die Bezeichnung „Marmelade" jedoch nur für Fruchtaufstriche aus Zitrusfrüchten gestattet. Mit dem EU-Beitritt Österreichs entstand der sogenannte „Marmeladestreit". Dieser konnte erst nach einigen Jahre insofern beigelegt werden, als dass Kleinproduzenten ihre Fruchtaufstriche weiterhin als Marmelade bezeichnen dürfen.

Zwetschkenkompott

Auch Marillen- oder Kirschkompott

Art der Haltbarmachung: **Sterilisieren**
Aufwand: **40 Minuten** · Ziehzeit: **sofort verwendbar** · Haltbarkeit: **2 Jahre**

ZUTATEN

1,5 kg	Zwetschken (auch Marillen oder Kirschen)

Sud

1 l	Wasser
250 g	Zucker
5	Gewürznelken
1 kleine	Zimtrinde
½	Zitrone, Schale

ZUBEREITUNG

Die Zutaten für den Sud aufkochen und kalt stellen. Die gewaschenen, entstielten und trockenen Zwetschken dicht in Weckgläser füllen und mit dem Sud bedecken. Mit den entsprechenden Deckeln verschließen und sterilisieren.

Tiefrote Köstlichkeiten
Röster und Kompotte sind die Klassiker zu den typischen Wiener Mehlspeisen.

Sauber arbeiten
Regeln für das Sterilisieren beachten (siehe S. 42)!

Die Farben Orange und Dunkelrot
Manche roten und violetten Farbstoffe wie jene aus Zwetschken, Kirschen oder Holunderbeeren sowie das orange ß-Carotin kann unser Körper nur dann verwerten, wenn die Früchte gut erhitzt oder lange gekocht wurden. Aus gesundheitlicher Sicht ist das Sterilisieren von orangen und violetten Früchten daher sogar empfehlenswert!

Zwetschkenmarmelade

In zwei Varianten gekocht

Art der Haltbarmachung: **Einkochen**
Aufwand: **40 Minuten** · Reifezeit: **40 Minuten/4 Stunden** · Haltbarkeit: **1 Jahr**

ZUTATEN

1 kg	Zwetschken, entkernt und geviertelt
500 g	Gelierzucker (2:1)
½ TL	Nelkenpulver
1 TL	Zimtpulver
4 cl	Zwetschkenschnaps (optional)

ZUBEREITUNG

Zubereitung I:
Zwetschken mit dem Zucker vermischen und 15 Minuten ziehen lassen. Ungefähr 10 Minuten kochen, pürieren und zum Schluss die Gewürze und den Schnaps zugeben. Noch heiß in sterile Gläser füllen, verschließen und auf den Deckel stellen.
Zubereitung II:
Für die traditionelle Zubereitung die Zwetschken in einen Topf geben und nur etwa 150 g Zucker darüberstreuen. Dann mit wenig Hitze 3–4 Stunden ganz leicht köcheln lassen, bis die Zwetschken so weit eingekocht sind, dass sie süß genug für Marmelade schmecken. Gegen Ende der Kochzeit die Gewürze zugeben. Die Zwetschken können alternativ auch im Backrohr zugedeckt gegart werden.

Fein pürierte Konsistenz
Die Zwetschkenmarmelade ist sowohl zum Füllen (z. B. für Powidltascherl oder Buchteln) als auch als Brotaufstrich bestens geeignet.

Bekömmlichkeit
Bei traditioneller Kochweise wird die Haut der Früchte völlig zerkocht. Das ergibt ein völlig anderes Mundgefühl und die Zwetschken werden sehr gut bekömmlich.

Eine Mehlspeise aus dem Norden
Eine in Österreich kaum bekannte Mehlspeise ist die Friesentorte, einfach und schnell zuzubereiten und hervorragend zu Kaffee und Tee geeignet. Dafür werden aus Blätterteig 3–4 Scheiben in Tellergröße ausgeschnitten und einzeln gebacken, diese dann mit geschlagenem, gezuckertem Obers, Zimt und Zwetschkenmus abwechselnd gefüllt und zu einer Torte zusammengesetzt.

Pfirsichmarmelade

aus Weingartenpfirsichen

Art der Haltbarmachung: **Einkochen**
Aufwand: **40 Minuten** · Reifezeit: **sofort verwendbar** · Haltbarkeit: **1 Jahr**

ZUTATEN

1 kg	reife Weingartenpfirsiche (netto, ohne Kerne)
500 g	Gelierzucker (2:1)
1	Zitrone, Saft
½ TL	Vanilleschotenpulver

ZUBEREITUNG

Die gewaschenen, entkernten Pfirsiche in Stücke schneiden, mit dem Zucker durchmischen und langsam zum Kochen bringen. 5 Minuten sprudelnd kochen, Zitronensaft und Vanillepulver zugeben und noch einmal 3 Minuten weiterkochen lassen. Noch heiß in sterile Gläser füllen, verschließen, auf den Deckel stellen und auskühlen lassen.

Flach und robust
Der Weingartenpfirsich ist eine traditionelle Pfirsichsorte, die ursprünglich in den Weingärten gepflanzt wurde und erst Ende August reif wird. Er ist resistent gegen Schädlinge und gedeiht mittlerweile auch gut in den westlichen österreichischen Bundesländern.

Verfeinern
Wer die Marmelade lieber cremig mag, kann sie mit einem Pürierstab mixen.

Pfirsich auf Brioche
Diese sehr feine Marmelade schmeckt besonders gut zu Briochegebäck.

Traubenchutney

aus süßen weißen Weintrauben

Art der Haltbarmachung: **Einkochen**
Aufwand: **40 Minuten** · Reifezeit: **sofort verwendbar** · Haltbarkeit: **1 Jahr**

ZUTATEN

500 g	süße helle Trauben
1	gelbe Zwiebel
100 ml	weißer Balsamicoessig
1 kleine	Chilischote
1 kleine	Zimtrinde
½ TL	Ingwerpulver

ZUBEREITUNG

Die Trauben waschen, halbieren und gegebenenfalls entkernen. Die Zwiebel fein hacken. Alle Zutaten mindesten 20 Minuten kochen, noch heiß in sterile Gläser füllen und verschließen.

Zusätzliche Süße
Wer bei Chutney eine süßere Variante bevorzugt, kann noch 1 EL Rohzucker zugeben.

Zwiebelenergie für den Darm
Die gelbe Zwiebel mit ihren vielseitigen Talenten bringt einen gesundheitlichen Vorteil in das Chutney: Beim Kochen wird das Inulin aufgeschlossen und als Präbiotikum für die Darmbakterien verfügbar.

Cassis

Likör aus Schwarzen Johannisbeeren

Art der Haltbarmachung: **Ansatzschnaps** · Aufwand: **1 Stunde**
Ausziehzeit/Reifezeit: **2 Monate/3 Monate** · Haltbarkeit: **5 Jahre**

ZUTATEN

1 kg	Schwarze Ribisel (Johannisbeeren) und einige Blätter
1 l	Weinbrand
370 g	Zucker
500 ml	Wasser

ZUBEREITUNG

Die Johannisbeeren gut waschen und gemeinsam mit einigen Blättern in einen Steingut- oder Glasbehälter füllen. Dann mit Weinbrand übergießen und das Gefäß gut verschließen. Jetzt zieht der Ansatz bei Zimmertemperatur ungefähr 2 Monate vor sich hin.
Im Frühherbst seihen wir den Ansatz ab. Wasser und Zucker aufkochen, abkühlen lassen und mit dem Weinbrandauszug mischen. Nun wird der Cassis in Flaschen gefüllt und begibt sich in seine Ruhephase, die bis etwa Silvester dauert. In dieser Zeit entfaltet er wundervolle Aromen.

Am Festtag servieren
Cassis schmeckt mit Sekt oder trockenem Weißwein vorzüglich. Das breite Spektrum der Säuren aus den Johannisbeeren vereint sich mit den Säuren der vergorenen Trauben.

Gesundheit & Mikrobiom
Schwarze Johannisbeeren bringen eine ganze Menge an Salicylsäure mit. Wir kennen sie aus schmerzstillenden Medikamenten. Diese Beeren liefern sie jedoch in einer magenfreundlichen Version, denn erst im Darm beginnt die natürliche Salicylsäure so richtig zu arbeiten.
Die Blätter der Schwarzen Johannisbeeren gelten in der Pharmazie als antirheumatisch. Sie ergänzen die Wirkungen der Beeren und liefern ebenfalls einen gesundheitsfördernden Beitrag.

Johannisbeerbutter

Säuerliche Beeren mit leichter Schärfe in Butter

Art der Haltbarmachung: **Einlegen in Fett** · Aufwand: **15 Minuten**
Ausziehzeit/Reifezeit: **sofort verwendbar** · Haltbarkeit: **2 Monate gekühlt**

ZUTATEN

250 g	weiche Butter
50–80 g	frische Schwarze Johannisbeeren
>	Honig nach Geschmack
>	etwas Ingwerwurzel, fein geraspelt

ZUBEREITUNG

Butter und Johannisbeeren in der Küchenmaschine mixen. Mit Honig und Ingwer abschmecken.

Butter & Frucht
Die Johannisbeerbutter als Brotaufstrich servieren.

Hausmittel
Schwarze Johannisbeeren sind in vielen osteuropäischen Ländern ein wichtiges Hausmittel. Oft werden sie mit Honig, Gewürzen und Butter kombiniert. Ihre stark antioxidativen, dunkelroten Anthocyane und ihre schmerzhemmende Salicylsäure spielen hier zusammen.

Ribiselgelee

aus säuerlichen Roten Johannisbeeren

Art der Haltbarmachung: **Einkochen** · Aufwand: **40 Minuten**
Ausziehzeit/Reifezeit: **sofort verwendbar** · Haltbarkeit: **1 Jahr**

ZUTATEN

1,5 kg	Rote Ribisel (Johannisbeeren)
600 g	Gelierzucker (2:1)

ZUBEREITUNG

Die gewaschenen, von den Stängeln gezupften und trockenen Ribiseln verlesen und bei milder Hitze langsam aufkochen. Nach ca. 50 Minuten Kochzeit vom Herd nehmen und durch ein Sieb passieren. Das so gewonnene Fruchtpüree abwiegen und mit der entsprechenden Menge Gelierzucker 5–10 Minuten aufkochen. In sterile Gläser füllen, verschließen und auf den Deckel stellen.

Praxistipp
Ein altes Küchengerät, die sogenannte „Flotte Lotte“, erleichtert das Passieren.

Früchte vom Polarkreis
Kaum zu glauben, aber in Rovaniemi am Polarkreis in Finnland haben wir die geschmacklich besten Ribisel gefunden. Durch die langen Sonnentage gelangen diese in kurzer Zeit zur perfekten Reife.

Der rote Farbtupfer
Selbst gemachtes Ribiselgelee ist eine zentrale Zutat für Klassiker der österreichischen Mehlspeisküche wie Linzer Torte oder Linzer Augen.

Brombeer-Trauben-Gelee

Eine harmonische Mischung

Art der Haltbarmachung: **Einkochen** · Aufwand: **45 Minuten**
Ausziehzeit/Reifezeit: **sofort verwendbar** · Haltbarkeit: **1 Jahr**

ZUTATEN

600 g	Brombeeren
600 g	blaue Trauben
1 Tasse	Wasser
350 g	Gelierzucker (3:1)
1 TL	Zimt
1 TL	Vanillepulver

ZUBEREITUNG

Brombeeren und Trauben verlesen und mit Wasser ca. 20 Minuten sehr weich dünsten. Früchte passieren und Fruchtpüree mit Gelierzucker und den Gewürzen etwa 5 Minuten sprudelnd kochen. Ganz heiß in sterile Gläser füllen, verschließen, auf den Deckel stellen und auskühlen lassen.

Zubehör
Zum Passieren verwendet man am besten ein Passiersieb.

Farbe der Liebe
Dieses wunderschöne dunkle Gelee eignet sich gut zum Füllen von klassischen Husarenkrapferln, die bei keiner Weihnachtsbäckerei fehlen dürfen. In manchen Gegenden werden die Husarenkrapferl auch als „Mädchenaugen" oder „Engelsaugen" bezeichnet.

Brombeeressig

Süßsaure violette Köstlichkeit

Art der Haltbarmachung: **Essigauszug**
Aufwand: **20 Minuten** · Ausziehzeit/Reifezeit: **3 Tage** · Haltbarkeit: **8 Monate**

ZUTATEN

- 1 l Brombeeren
- 1 l Essig
- > Honig

ZUBEREITUNG

Die Brombeeren in einem Glas mit Essig übergießen und mit einem Tuch zudecken. Den Ansatz 3 Tage kühl stehen lassen. Dann den Essig abpressen, der sich inzwischen lila gefärbt hat, und mit Honig abrunden.

Säure mildern
Der Brombeeressig wurde traditionell gerne einige Minuten gekocht. Bei über 70 °C verflüchtigt sich die Essigsäure und es bleibt eine milde Version übrig. Im angeführten Rezept verliert der Essig einen Teil seiner Säure während der Ziehzeit, in der er offen stehen bleibt. Er wird dabei angenehm mild.

Lösungsmittel
Essig ist ein starkes Auszugmittel, was gerade bei violetten Farbstoffen von Vorteil ist. Diese werden aus den Pflanzenzellen herausgelöst und unserer Verdauung in einer komfortablen Form zur Verfügung gestellt.

Der reine Essig
Am besten eignet sich Weißweinessig, der nicht mit Most versetzt wurde, oder ein milder Birnenessig. Wilde Brombeeren sind meistens viel aromatischer als kultivierte. Der Sommerspaziergang wird so zum Ernteausflug!

Unkner Kochbiachl
Die erste Anregung für einen Brombeeressig habe ich in den 1990er-Jahren von Gerti Ensinger bekommen, die im familieneigenen Gasthaus schmackhafte Speisen gezaubert hat. Sie hat damals handschriftlich ein Rezept für das *Unkner Kochbiachl* verfasst.

Heidelbeeren lactofermentiert

Wie in Finnland

Art der Haltbarmachung: **Fermentieren** · Aufwand: **10 Minuten**
Ziehzeit/Reifezeit: **1 Stunde/7–10 Tage** · Haltbarkeit: **6 Monate**

ZUTATEN

500 g	Heidelbeeren, Wald- oder Kulturheidelbeeren, verlesen
10 g	Steinsalz

ZUBEREITUNG

Die trockenen, sauberen Heidelbeeren vorsichtig mit dem Salz vermischen (möglichst nicht zerquetschen) und etwa 1 Stunde stehen lassen. In ein Gärglas füllen und vorsichtig beschweren. Ein paar Mal vorsichtig nachdrücken, damit sich Saft absetzen kann. Mit dem Deckel locker verschließen und etwa 1 Woche bei Raumtemperatur fermentieren. Bei 25–30 °C dauert die Fermentation nur einige Tage. Nach dem Fermentieren fest verschließen und kühl lagern.

Kompakte Beeren
Es können auch andere, eher feste Beeren fermentiert werden. Heidelbeeren eignen sich beispielsweise gut.

Fermentierte Beeren im Müsli
In den nordischen Ländern liebt man diese Art von Beeren im warmen Frühstücksbrei oder auch im Joghurt oder Skyr, einem traditionellen isländischen Milchprodukt ähnlich einem weichen Frischkäse.

Pflanzenfarbstoffe
Rote, violette und blaue Pflanzenfarben aus der Gruppe der Flavonoide sind effiziente Antioxidantien. Allerdings kann unser Körper sie aus den rohen Früchten nicht besonders gut herauslösen. Langes Kochen oder Fermentieren macht sie bioverfügbar.

Heidelbeermarmelade

mit Orange und Zimt

Art der Haltbarmachung: **Einkochen**
Aufwand: **30 Minuten** · Reifezeit: **sofort verwendbar** · Haltbarkeit: **1 Jahr**

ZUTATEN

500 g	Wald- oder Kulturheidelbeeren
250 g	Gelierzucker (2:1)
1 kleine	Zimtrinde
1	Bio-Orange, Saft und Abrieb
½ TL	Vanillepulver

ZUBEREITUNG

Heidelbeeren verlesen, mit Zucker, Orangensaft und Abrieb vermischen und ca. 5 Minuten sprudelnd kochen. Vanillepulver zugeben und 2–3 Minuten weiterkochen. Noch heiß in sterile Gläser füllen, verschließen und zum Auskühlen auf den Deckel stellen.

Je blauer die Zunge, desto gesünder!
Anthocyane sind dafür verantwortlich, dass sich beim Genuss von Heidelbeeren Zunge und Zähne blau färben. Das passiert aber nur bei den europäischen Waldheidelbeeren, die Kulturheidelbeeren sind innen weiß. Der Verlust der unangenehmen Zungenfärbung bedeutet aber auch den Verlust von potenten Antioxidantien!

Färben mit Beeren
Amerikanische Einwanderer verwendeten Heidelbeeren als Färbemittel. Wer Ostereier natürlich blau färben möchte, kann die Wildheidelbeeren dazu verwenden.

Verfeinern
Wer will, kann die Marmelade auch zu einem Fruchtaufstrich pürieren.

Blaue Spirale
Die Biskuitroulade erlebt mit Heidelbeermarmelade und Obers eine erstaunliche Verwandlung!

Heidelbeerchutney

Kräftige violette Mischung

Art der Haltbarmachung: **Einkochen**
Aufwand: **30 Minuten** · Ziehzeit/Reifezeit: **1 Woche** · Haltbarkeit: **1 Jahr**

ZUTATEN

200 g	rote Zwiebeln
180 g	Zucker
100 ml	Rotweinessig
500 g	Heidelbeeren
>	Salz
je 1 Msp.	Koriander- und Nelkenpulver
1 EL	Orangenabrieb
1 EL	gehackte Cranberrys

ZUBEREITUNG

Zwiebeln fein hacken, den Zucker in einem heißen Topf karamellisieren, Zwiebeln zugeben und mit dem Essig ablöschen. Die restlichen Zutaten hinzufügen und gut durchkochen, bis die Heidelbeeren und die Zwiebeln sehr weich sind. Noch heiß in sterile Gläser abfüllen und verschließen.

Wild oder kultiviert
Dieses Chutney schmeckt auch sehr gut mit Kulturheidelbeeren aus dem Garten!

Zu Wild und Käse
Das Heidelbeerchutney wertet Wildgerichte oder Weichkäse auf.

Vogelbeermarmelade

aus den Früchten der Eberesche

Art der Haltbarmachung: **Einkochen**
Aufwand: **1 Stunde** · Reifezeit: **sofort verwendbar** · Haltbarkeit: **1 Jahr**

ZUTATEN

1 kg	Vogelbeeren
100 ml	Wasser
250 g	Äpfel
500 g	Gelierzucker (2:1)
20 ml	Vogelbeerschnaps (optional)

ZUBEREITUNG

Die Vogelbeeren abrebeln und ein paar Tage einfrieren, anschließend langsam mit dem Wasser zum Kochen bringen und ca. 20 Minuten sehr weich kochen. Die Beeren durch ein Sieb streichen und das Fruchtpüree mit den geschälten, geriebenen Äpfeln und dem Gelierzucker mindestens 10 Minuten sprudelnd kochen. Vor dem Abfüllen den Schnaps zufügen, verschließen und auf den Deckel stellen.

Kälte nimmt Bitterkeit
Vorfrieren nimmt den Vogelbeeren ein wenig den herb-bitteren Geschmack.

Herb und bitter
Diese herbe Marmelade passt vorzüglich zu Käse, eignet sich aber auch als Füllung für Buchteln und Kekse.

Der „Weiberleitschnaps“
Im Pinzgau hat der Vogelbeerschnaps eine lange Tradition und wird gerne zu Sebastiani am 20. Jänner als Gesundheitsschnapserl angeboten. Besonders für Frauen soll er heilsam sein, sagt die Volksmedizin, sogar bei Wechselbeschwerden.

Holunderblütengelee

Vitaler Brotaufstrich

Art der Haltbarmachung: **Einkochen**
Aufwand: **30 Minuten** · Auszeihzeit: **12 Stunden** · Haltbarkeit: **1 Jahr**

ZUTATEN

10 Dolden	frische Holunderblüten
500 ml	Apfelsaft
400 g	Gelierzucker (2:1)
1	Zitrone, Saft und Abrieb

ZUBEREITUNG

Die sauberen, trockenen Holunderblüten mindestens 12 Stunden im Apfelsaft ziehen lassen. Blüten mit dem Apfelsaft und 1 EL Zitronenabrieb 15 Minuten leicht köcheln lassen. Den Sud abseihen und die Flüssigkeitsmenge abmessen. Mit der entsprechenden Menge Gelierzucker aufkochen, den abgeseihten Saft einer Zitrone einrühren und noch heiß in sterilisierte Gläser füllen. Verschließen, auf den Deckel stellen und auskühlen lassen.

Frisch oder getrocknet
Falls man keine frischen Holunderblüten zur Verfügung hat, kann man auch 10 g getrocknete Blüten verwenden.

Holunderblütenduft
Das Holunderblütengelee ist ein erfrischender Brotaufstrich und weckt die Vorfreude auf den Sommer. Wie der Holundersaft ist es besonders bei Kindern sehr beliebt.

Gesundheit
Rinde, Beere, Blatt und Blüte, jeder Teil ist Kraft und Güte!
Eine Volksweisheit sagt: „Vor der Hollerstaudn muaßt den Huat ziachn“. In der traditionellen Heilkunde werden Holunderblüten als schweißtreibend und fiebersenkend eingeschätzt. Die Holunderbeeren gelten als äußerst vitamin- und mineralstoffreich sowie immunstärkend.

Tiefroter Glühholler

als immunstärkendes Getränk

Art der Haltbarmachung: **Einkochen**
Aufwand: **75 Minuten** · Reifezeit: **sofort verwendbar** · Haltbarkeit: **1 Jahr**

ZUTATEN

2 l	Holunderbeeren
2 l	Wasser
800 g	Zucker
1 Prise	Vanille
1	Zimtrinde
5	Nelken
250 ml	Rum

ZUBEREITUNG

Die Beeren vom Schwarzen Holunder werden 1 Stunde im Wasser geköchelt. Nach dem Abseihen kommen die Gewürze und der Zucker hinzu, bevor nochmals weitergekocht wird. Erst ganz zum Schluss wird der Rum hineingerührt und der Glühholler in Flaschen abgefüllt.

Kraft für dunkle Tage
Den Glühholler mit heißem Wasser aufgießen und an dunklen, kalten Tagen im November und Dezember genießen.

Holunderbeeren-Likör
Aus den Holunderbeeren wird in den Alpen gerne ein Verdünnungssaft zubereitet, der Rum enthält. So entsteht ein alkoholischer Saft oder ein ganz leichter Likör, wie immer man es bezeichnen mag. In dieser Form ist er besser haltbar und schmeckt und wirkt sogar noch besser.

Farben für das Immunsystem
Holunderbeeren enthalten einen ganzen Haufen an Anthocyanen, das sind violette Pflanzenfarben. Das lange Kochen holt diese aus den Zellen der Beeren heraus und der Rum schleust sie in den Körper hinein. Zu Genuss und Haltbarkeit kommt so auch noch eine gesundheitliche Wirkung der geringen Alkoholmenge!

Weintrauben-Shrub

Essigsaures Fruchtgetränk

Art der Haltbarmachung: **Essigauszug mit Früchten**
Aufwand: **15 Minuten** · Auszugszeit: **2–3 Tage** · Haltbarkeit: **2 Wochen**

ZUTATEN

250 g	rote Trauben
5 cm	Zimtrinde
80 g	Rohrohrzucker oder Kandiszucker
100 g	unerhitzter Apfelessig

ZUBEREITUNG

Die Trauben quetschen und den Saft austreten lassen. Dann alle Zutaten mischen, mit einem Tuch abdecken und 2 Tage bei Zimmertemperatur ziehen lassen. Danach auspressen und in eine saubere Flasche füllen.

Im Alpenraum
Der Weintrauben-Shrub wird mit Leitungs- oder Sodawasser gespritzt genossen.

Wenn die Beeren geplatzt sind
Der Weintrauben-Shrub gelingt aus tiefgekühlten Weintrauben besonders gut. Die angetauten Trauben geben ihren Saft besser ab – für den Fall, dass uns die Erntezeit überfordert!

Verjus – Agrest

Saurer Saft aus unreifen Trauben

Art der Haltbarmachung: **Pasteurisierung**
Aufwand: **20 Minuten** · Auszugszeit: **sofort verwendbar** · Haltbarkeit: **1 Jahr**

ZUTATEN

> grüne, unreife Weintrauben

ZUBEREITUNG

Mit einem Entsafter den Saft aus den unreifen Trauben gewinnen, auf 75 °C erwärmen und in saubere Flaschen abfüllen. Der unerhitzte Saft kann auch in Eiswürfelformen tiefgekühlt werden.

Verwendung
Verjus kann vielseitig zum Säuern verwendet werden, etwa für Dressings, Saucen, Eintöpfe, Suppen und Getränke.

Verjus oder Agrest
Der unreife Saft aus grünen Weintrauben, auch „Agrest" genannt, wird im Alpenraum als regionales Säuerungsmittel statt Zitronen verwendet. Verjus schmeckt versöhnlicher als Essig, milder, nicht so stechend, dennoch hat er ein breites Säurespektrum. Damit lässt er Aromen intensiver schmecken.

Gehirnleistung
Die Kaftarsäure im Verjus soll den Dopaminspiegel erhöhen und damit Gedächtnis und Konzentration stärken. Verjus wirkt stark antioxidativ, das schützt andere Zutaten in den Speisen vor dem Braunwerden und die Körperzellen vor oxidativem Stress.

Preiselbeermarmelade

Grantnmarmelade aus dem Innergebirg

Art der Haltbarmachung: **Einkochen**
Aufwand: **40 Minuten** · Reifezeit: **sofort verwendbar** · Haltbarkeit: **1 Jahr**

ZUTATEN

500 g	Preiselbeeren
200 g	säuerliche Äpfel, geschält und grob gerieben
200 g	Gelierzucker (3:1)

ZUBEREITUNG

Alle Zutaten vermengen und langsam zum Kochen bringen. 15–20 Minuten sprudelnd kochen. In sterile Gläser füllen, verschließen, auf den Deckel stellen und auskühlen lassen.

Ein wenig mehr Säure
Durch die Zugabe von einem ½ TL Zitronensäure oder 2 EL Zitronensaft behält die Marmelade ihre schöne tiefrote Farbe.

Schützt die Blase
Preiselbeeren sind Lebensmittel und Heilmittel gleichermaßen. Das Grantnwasser gilt als fiebersenkend und als probates Mittel bei Blasenentzündungen. Dafür wird ein Löffel Grantnmarmelade in heißes Wasser gerührt.

Vielseitig zu Schnitzel oder Erdäpfelkrapfen
Diese Variante der Preiselbeermarmelade ist schnell zubereitet und passt besonders gut zu Wildgerichten und Wiener Schnitzel. Im Lungau sind Erdäpfelkrapferl mit Grantnmarmelade ein beliebtes Kinderessen.

Wer kennt den „Grantnschleck"?
Preiselbeeren werden in den Salzburger Gebirgsgauen „Grangn" oder „Grantn" genannt. Die Marmelade daraus ist traditionell nicht nur zum Wiener Schnitzel beliebt, sondern auch als „Grantnschleck": Steif geschlagenes Schlagobers mit Grantnmarmelade vermischt schmeckt allen Schleckermäulern und ist eine vorzügliche Alternative zur Fülle von Schaumrollen.

Orangen-Birnen-Marmelade mit Lavendel

zur Entspannung

Art der Haltbarmachung: **Einkochen**
Aufwand: **1 Stunde** · Auszugszeit: **1 Woche** · Haltbarkeit: **1 Jahr**

ZUTATEN

600 g	Orangenfilets von ca. 1 kg Orangen
200 g	Birnen, geschält und kleinwürfelig geschnitten
300 ml	frisch gepresster Orangensaft
500 g	Gelierzucker (2:1)
1,5 TL	Zitronensäure
2 TL	Lavendelblüten

ZUBEREITUNG

Früchte und Orangensaft mit Gelierzucker sowie mit der Zitronensäure ca. 5–10 Minuten sprudelnd kochen. 1–2 Minuten vor Ende der Kochzeit die Lavendelblüten zugeben und die Marmelade heiß in sterile Gläser füllen. Verschließen, auf den Deckel stellen und auskühlen lassen.

Geschenk-Tipp
Die Marmelade ist ein besonderes Geschenk für gestresste Freunde und Kollegen!

Frühstück
Die Orangen-Birnen-Marmelade schmeckt gut zum Frühstück auf Brioche oder Croissants.

Zum Loslassen
Die Heilwirkung des Lavendels ist durch zahlreiche wissenschaftliche Studien belegt. Seine beruhigende und entspannende Wirkung hilft, Ängste zu lösen und Stress besser zu bewältigen.

Mandarinenmarmelade

mit Schale und leicht bitter

Art der Haltbarmachung: **Einkochen**
Aufwand: **90 Minuten** · Auszugszeit: **sofort verwendbar** · Haltbarkeit: **1 Jahr**

ZUTATEN

1 kg	Bio-Mandarinen
1 l	Wasser
1 TL	Zitronensäure
500 g	Gelierzucker (2:1)
5	Gewürznelken, in einem Säckchen

ZUBEREITUNG

Die gewaschenen ganzen Mandarinen im Wasser mit der Zitronensäure und dem Gewürznelken-Säckchen ungefähr 50 Minuten weich kochen, anschließend die Nelken entfernen. Die Mandarinen abseihen, dabei den Sud aufbewahren, halbieren und eventuell vorhandene Kerne entfernen. Die Früchte grob schneiden, pürieren, mit Gelierzucker 10 Minuten sprudelnd kochen und noch heiß in sterile Gläser füllen.

Orangenverwandtschaft
Die Mandarinen kamen erst Anfang des 19. Jahrhunderts aus China nach Europa und wurden im Mittelmeerraum kultiviert. Sie sind ein klassisches Winterobst, mit Schale bitterstoff-, ballaststoff- und pektinreich und dürfen in keinem Nikolaussackerl fehlen.

Mehr Schärfe & Aroma
Wer will, kann der Marmelade noch frischen Ingwer und Zimtrinde zugeben, dadurch bekommt diese eine zusätzliche weihnachtliche Note.

Zitronensalz

Versetzt in den Sommer des Südens

Art der Haltbarmachung: **Einsalzen** · Aufwand: **15 Minuten**
Auszugszeit: **sofort verwendbar** · Haltbarkeit: **4 Monate gekühlt**

ZUTATEN

350 g	frische Bio-Zitronen
50 g	Steinsalz

ZUBEREITUNG

Die Zitronen in Scheiben schneiden, entkernen und mit dem Salz zu einer ganz feinen Paste mixen. In ein Glas füllen und im Kühlschrank lagern.

Kombinierte Geschmacksnoten

Der aromatische Duft der Zitronenschale hebt unsere Stimmung. Hinzu kommt noch die weiße Schicht dicht unter der gelben, die herb-bitter das Aroma der Zitrone hebt und die saure Frische des Fruchtfleisches. Im Zitronensalz werden alle Geschmacksnuancen vereint und in verwendbarer Form verfügbar gemacht.

Praktisch & gut

Wieder etwas, das uns unser Lieblingskoch Hans Webersberger verraten hat. Er hat nicht nur ein besonderes Gespür für die Harmonie der Speisen, er versteht auch die Mühen der Alltagsküche und zeigt uns immer wieder Erleichterungen. Und das Zitronensalz ist definitiv eine solche Erleichterung: Anstatt jedes Mal frische Zitronen zu kaufen und ein wenig von der Schale zu raspeln, kommt einfach eine Prise Zitronensalz dazu. Genial!

Vielfältig verwendbar

Das Zitronensalz eignet sich besonders gut zum Würzen von Saucen, Suppen und Salatdressings. Auch süße Speisen bekommen damit eine bitter-herbe zitronige Note.

Salzzitronen

Würzig-saure Zitronenvariante

Art der Haltbarmachung: **Einlegen in Salzlake** · Aufwand: **30 Minuten**
Auszugszeit: **4–6 Wochen** · Haltbarkeit: **6–8 Monate**

ZUTATEN

5	große, unbehandelte Zitronen

Sud

750 ml	Wasser
½ Tasse	Meersalz
2	Zimtrinden
2 TL	Korianderkörner
1 TL	Schwarze Pfefferkörner
5	Gewürznelken

ZUBEREITUNG

Zitronen in kochendem Wasser 3–4 Minuten blanchieren und danach mit kaltem Wasser abschrecken. Für den Sud das Wasser mit den Gewürzen aufkochen, beiseite stellen und ziehen lassen.
Die Zitronen der Länge nach so vierteln, dass sie am Stängelansatz noch zusammenhängen. Diese dann in ein steriles Glas schlichten. Den Sud noch einmal aufkochen und über die Zitronen gießen. Sofort mit einem passenden Deckel verschließen. Die Zitronen mindestens 4 Wochen in der Salzlake reifen lassen.

Zu Fisch, Fleisch und Couscous
Eingelegte Zitronen schmecken sehr gut zu Couscous und gegrilltem Hühnerfleisch oder Fisch.

Fürsterzbischöfe und die Früchte des Südens
Zitronen oder Limonen waren in Salzburg bereits im Barock eine wichtige Zutat, wie man in überlieferten Rezepten nachlesen kann. Schale, Saft und Fruchtfleisch, frisch oder kandiert, waren beliebt in pikanten und süßen Speisen.

Zitronenpulver

Zitronig und bitter-herb

Art der Haltbarmachung: **Trocknen** · Aufwand: **15 Minuten**
Auszugszeit: **1–2 Tage** · Haltbarkeit: **2 Jahre**

ZUTATEN

3 Bio-Zitronen

ZUBEREITUNG

Die gesamte Zitronenschale, die nach dem Auspressen des Saftes übrigbleibt, in dünne Scheiben oder kleine Würfel schneiden. Nur den Ansatz wegschneiden. Die Würfel trocknen, bis sie sich brechen lassen. Auf dem Ofen oder in der Nähe einer Heizung gelingt das ohne zusätzliche Wärme oft in 1–2 Tagen. Die getrocknete Schale in der Kräutermühle oder Küchenmaschine pulverisieren.

Zum Würzen und für Früchtetee
Die Schalen von Orangen, Limetten und anderen Zitrusfrüchte können ebenso getrocknet werden, wenn sie völlig unbehandelt sind. Limettenschalen setzen einen angenehmen vanilligen Duft frei.

Zu schade zum Wegwerfen
Die Schalen der Zitrusfrüchte haben einen hohen gesundheitlichen Wert. Nicht nur die duftenden ätherischen Öle in der äußersten Schicht, auch die dicke, weiße innere Schicht bringt Bitter- und Gerbstoffe und ist viel zu schade zum Wegwerfen.

Für Pikantes & Süßes
Eignet sich für Kuchen, Marinaden, Gemüse- und Fischgerichte.

Limettenzucker

Südländische Frische mit Vanillenote

Art der Haltbarmachung: **Einzuckern** · Aufwand: **15 Minuten**
Ausziehzeit: **sofort verwendbar** · Haltbarkeit: **4 Monate gekühlt**

ZUTATEN

- 2 Limetten
- > Rohrohrzucker

ZUBEREITUNG

Die beiden Limetten abwiegen und mit gleich viel Zucker in der Küchenmaschine zu einem feinen Mus pürieren. Würfelig geschnitten können die Limetten zusammen mit dem Zucker auch mit dem Pürierstab zu einer Paste zerkleinert werden.

Vanilliges Zitrusaroma
Limetten haben einen Nachteil: Sie sind weit gereist. Und wenn sie schon zu uns gekommen sind, dürfen sie keinesfalls ihr fabelhaftes Aroma verlieren. Der Limettenzucker macht sie haltbar und leicht verwendbar. Im Kühlschrank halten sie mehrere Wochen.

Fermentierte Dörrfrüchte

Aktivierende Früchte und aktivierendes Getränk

Art der Haltbarmachung: **Fermentieren**
Aufwand: **10 Minuten** · Reifezeit: **8 Stunden/1 Woche** · Haltbarkeit: **2 Wochen**

ZUTATEN

150 g	Dörrfrüchte
150 g	Rohrohrzucker
250 ml	Wasser, abgekocht und ausgekühlt
1 TL	Steinsalz
4 EL	naturbelassener Apfelessig
2 EL	Naturmolke

ZUBEREITUNG

Die Dörrfrüchte in ein 500-ml-Glas geben, die restlichen Zutaten mit dem Wasser gut verrühren, zu den Früchten geben und gut durchmischen. Das Glas mit einem dünnen, durchlässigen Tuch abdecken und bei Zimmertemperatur 8 Stunden stehen lassen. Mit einem Deckel dicht verschließen und kühl 1 Woche lagern, gelegentlich schütteln!

Beimpfen
Ausreichend Molke entsteht bei der Zubereitung von Joghurtkäse. Statt der Molke kann man auch Wasserkefir verwenden.

Wiederbelebte Dörrfrüchte
Die Früchte schmecken sehr gut mit Joghurt oder als Topping auf Müslis. Die Flüssigkeit kann man auch mit Grünem Tee oder Wasser verdünnen und als aktivierendes Getränk genießen.

Verdünnen nach Geschmack
Der Kefir kann pur oder mit Wasser verdünnt getrunken werden.

Wasserkefir braucht Mineralstoffe und Säure
Statt Datteln können auch Feigen oder anderes Trockenobst ohne Konservierungsstoffe verwendet werden. Cranberry und Apfel geben einen angenehmen Geschmack, weniger hefig als Datteln und Feigen und mit einer leichten rosa Farbe. Besonders gut schmecken auch Apfel und Mango, diese Kombination verlangt aber etwas mehr Zitronensaft. Bei säurearmen Früchten wird statt der Zitronenscheiben etwas Zitronensaft zugegeben, sonst drängen sich die Hefen zu sehr in den Vordergrund. Wasserkefir wird in geschlossener oder offener Fermentation hergestellt, die Kultur ist tolerant gegenüber Luft.

Wasserkefir

Fermentiertes Getränk

Art der Haltbarmachung: **Fermentieren**
Aufwand: **15 Minuten** · Reifezeit: **2 Tage** · Haltbarkeit: **einige Tage**

ZUTATEN

4 EL	heller Rohrohrzucker
1 l	Wasser
4	unbehandelte Datteln
2	Zitronenscheiben
2 EL	Wasserkefir-Kristalle

ZUBEREITUNG

Den Zucker in etwas warmem Wasser auflösen und mit kaltem Wasser auf 1 Liter auffüllen. Wenn das Wasser Zimmertemperatur hat, Datteln, Zitronenscheiben und Kefirkristalle dazugeben und verschließen. Die Fermentation dauert ungefähr 2 Tage. Nach 1,5 Tagen kann schon gekostet werden. Der Kefir ist fertig, wenn der säuerliche Geschmack angenehm ist. Er ist im Kühlschrank mehrere Tage haltbar.

2. Fermentation Kefir

Lädt zum Experimentieren mit Aromen ein

Art der Haltbarmachung: **Fermentieren**
Aufwand: **10 Minuten** · Reifezeit: **2 Tage** · Haltbarkeit: **einige Tage**

ZUTATEN

1 bis 2 EL Kräuter und Früchte, frisch oder getrocknet, pro 500 ml Kefir: z. B. Apfel, Preiselbeere, Granatapfelkerne, Hibiskus, Kurkuma, Heidelbeere, Basilikum, Blütenpollen, Minze, Rosmarin, Rosenblüten, Salbei, Zitrone

ZUBEREITUNG

Für die 2. Fermentation werden dem fertigen und abgeseihten Kefir frisches oder getrocknetes Obst, Kräuter oder Gewürze zugegeben und luftdicht verschlossen. Es kommt jetzt zu keiner weiteren Säuerung (der Zucker ist ja schon verbraucht), sondern es sollen sich Aromen und Kohlensäure bilden. Dieser Vorgang dauert wieder etwa 2 Tage.

Getreide & Nüsse

Overnight Oats

Getreideflocken – gequollen und bekömmlich

Art der Haltbarmachung: **Anfermentieren**
Aufwand: **10 Minuten** · Reifezeit: **1 Nacht** · Haltbarkeit: **sofort servieren**

ZUTATEN

- 3 EL Haferflocken
- 1 EL Chiasamen oder frisch geschrotete Leinsamen
- > Wasser
- > Joghurt (oder ein anderes fermentiertes, eiweißreiches Produkt)
- > Nüsse (evtl. geröstet)
- > Obst, frisch oder als Mus
- > etwas Honig

ZUBEREITUNG

Flocken und Chiasamen (oder Leinsamen) am Abend mit so viel Wasser verrühren, dass ein sehr dünner Brei entsteht, und 1 TL Joghurt (auch veganes Joghurt) als Starter zugeben. Mit einem Teller oder Tuch abdecken und über Nacht in der Küche stehen lassen. Am Morgen die restlichen Zutaten nach Geschmack untermischen.

Vollwertige Mahlzeit

Ein guter Start in den Tag: Overnight Oats liefern biologisch hochwertiges Protein, wenn zu den Getreideflocken Joghurt kombiniert wird. Nüsse und Samen tragen essenzielle Fettsäuren bei und Früchte liefern Vitamine, Mineral- und Pflanzenwirkstoffe. Gequollene Chia- oder Leinsamen sind mit ihren Schleimstoffen ein wertvolles Präbiotikum.

Symbiose lenken

Damit die Overnight Oats anfermentieren, wird ihnen eine Portion Milchsäurebakterien als Starterkultur zugegeben. Dann bleiben sie bei Zimmertemperatur über Nacht stehen, damit sich diese Mikroben auch gut vermehren können. Der Kühlschrank würde das Wachstum stark einschränken, auch wenn das in vielen Rezepten so steht. Der Starter darf allerdings nicht vergessen werden, sonst könnten sich auch ungünstige Kulturen vermehren. Das Anfermentieren macht die Getreideflocken bekömmlicher und erhält dennoch die hitzeempfindlichen Bestandteile.

Roggensauerteig

Fermentiert und bekömmlich

Art der Haltbarmachung: **Fermentieren** · Aufwand: **3 x 10 Minuten**
Reifezeit: **3 Tage** · Haltbarkeit: **mehrere Wochen im Kühlschrank, bei regelmäßiger Fütterung mehrere Jahre**

ZUTATEN

9 EL	Roggenvollkornmehl
9 EL	Wasser

ZUBEREITUNG

Die Zubereitung des Sauerteigansatzes dauert mindestens 3 Tage. Am ersten Tag werden 3 EL Roggenmehl mit 3 EL Wasser (Zimmertemperatur) vermischt und in ein Schraubglas gegeben. Der Deckel wird nur auf das Glas gelegt und nicht zugeschraubt. Dazu eignen sich Einweckgläser mit Glasdeckel oder Drahtbügelgläser ohne Gummi gut. So kann die Luft aus der Umgebung mitsamt den Bakterien hineingelangen.
An den nächsten beiden Tagen werden wieder jeweils 3 EL Roggenmehl und 3 EL Wasser eingerührt. Duftet der Sauerteigansatz fein säuerlich und wirft Blasen, ist er für das Brotbacken bereit. Er hält auch einige Wochen im Kühlschrank durch, oder er kann getrocknet und später mit Wasser wieder aufgeweckt werden.

Finnische Blinis aus Roggensauerteig

Kleine Palatschinken vom Polarkreis

Art der Haltbarmachung: **Anfermentieren, Backen** · Aufwand: **30 Minuten**
Gehzeit: **4–5 Stunden** · Haltbarkeit: **sofort servieren**

ZUTATEN

Vorteig

250 ml	Milch
100 g	Roggensauerteig
80 g	Buchweizenmehl
90 g	Roggenmehl

Hauptteig

>	Vorteig
2	Eier
1 TL	Salz
>	Sonnenblumenöl oder Butterschmalz zum Ausbacken

ZUBEREITUNG

Milch, Sauerteig, Buchweizen- und Roggenmehl verrühren und mindestens 4 Stunden an einem warmen Platz gehen lassen. Nach der Reifezeit die verquirlten Eier und das Salz zugeben. Mithilfe eines kleinen Schöpfers den Teig portionsweise in eine Pfanne mit heißem Fett geben und kleine, dicke Palatschinken herausbacken.

Schätze aus dem Norden

Margit kennt Blinis aus Finnland. In diesem Land kommt man kulinarisch nicht an ihnen vorbei. Besonders Schweden und Russland haben das benachbarte skandinavische Land kulinarisch geprägt, wie uns unsere finnische Freundin Aini aus Rovaniemi erzählt. Jetzt ist Finnland bereits seit über 100 Jahren unabhängig, birgt aber noch viele traditionelle Schätze aus früheren Jahren.

Variantenreich

Die Blinis schmecken am besten frisch aus der Pfanne. Man gibt einen großen Löffel Sauerrahm, Joghurt oder Skyr auf den Blini und setzt als Topping entweder ein Stück Räucherfisch oder fermentiertes Gemüse, etwa fermentierte Rote Rüben, darauf. Zu Fisch und Roten Rüben passt noch besonders gut ein Zweig frischer Dill. Geschmorte Pilze harmonieren ebenfalls gut mit den Blinis. Der Bliniteig ist auch für Palatschinken geeignet.

Tipps & Tricks

Für ein gutes Roggensauerteigbrot brauchen wir nur Roggenmehl, eventuell etwas Weizen oder Dinkel, Gewürze, Salz, Wasser und, ganz wichtig, Milchsäurebakterien. Diese schwirren ständig in unserer Umgebung herum, wir können sie aber einfangen und den Sauerteig so von Grund auf selber machen.

Roggensauerteigbrot

Mit Vollkornmehl haben wir mit jeder Scheibe Brot folgenden Mehrwert gegenüber Auszugsmehl: Ballaststoffe als Präbiotikum (die Bakterien freuen sich über das üppige Mahl), Lignane als Phytoöstrogene, Alkylresorcinol (wirkt antithrombotisch und entzündungshemmend), viel vom Vitamin-B-Komplex und einen ganzen Haufen Mineralstoffe.

Roggensauerteigbrot

mit langer Teigruhe und vollem Korn

Art der Haltbarmachung: **Fermentieren, Backen**
Aufwand: **5 Stunden** · Teigruhe: **12/4/2 Stunden** · Haltbarkeit: **10 Tage**

ZUTATEN BROT

50 g	Sauerteigansatz
1,5 kg	Roggenvollkornmehl
300 g	Dinkel- oder Weizenmehl
1,2 kg	Roggenmehl
45 g	Salz
27 g	Kümmel
3 g	Schabzigerklee
3 g	Anis
15 g	Koriander
4 g	Kardamom
>	Wasser

ZUBEREITUNG BROT

Zuerst 1,5 kg Roggenvollkornmehl und ungefähr gleich viel Wasser zum Sauerteigansatz geben. Es entsteht ein zäh reißender Teig. Jetzt ist erst einmal Teigruhe angesagt. Diese sollte etwa 12 Stunden dauern. Der Teig mag am liebsten Temperaturen von 20–25 °C.

Nach dieser Ruhephase wird etwas Sauerteig für den nächsten Backtag weggenommen. Dann geht's weiter mit allen anderen Zutaten. Gut mischen und so viel Wasser zugeben, dass ein recht weicher Teig entsteht. Am besten gelingt das in einem großen Weidling oder einem Brotschaffel. Und schon wieder möchte der Teig ausruhen, also zudecken und weitere 4 Stunden stehen lassen (oder so lange, bis sich Blasen bilden).

Jetzt den Teig in Stücke teilen, je nachdem wie groß die Brote werden sollen. Diese Teigstücke anschließend nur noch leicht kneten, formen und in Brotkörbe legen. Noch einmal darf der Brotteig zugedeckt 1–2 Stunden ruhen, dann kommt er bei 250 °C in den heißen Backofen. Nach etwa 10 Minuten auf 220 °C zurückschalten. Die abfallende Temperatur imitiert ein wenig den Holzofen. Nach ungefähr 1 Stunde ist das Brot fertig. Wenn man auf die Unterseite klopft, klingt es hohl.

Heiße & feuchte Luft

Wenn man ein Backrohr ohne Schwadenfunktion hat, reicht es, wenn man eine flache, feuerfeste Schale auf den Boden des Backrohrs stellt, diese miterhitzt, unmittelbar vor dem Backen heißes Wasser (z. B. aus dem Wasserkocher) in die Schale gießt und diese nach den 8 Minuten entfernt.

Auf Vorrat

Bei diesem Spezialgebäck ist es besonders wirtschaftlich, wenn man die doppelte Grundmenge zubereitet. Die Stangerl lassen sich perfekt einfrieren und bei Bedarf aufbacken.

Kornstangerl mit Altbrotbröseln

Gesundes Stückgebäck

Art der Haltbarmachung: **Fermentieren, Backen** · Aufwand: **30 Minuten**
Reifezeit: **2,5 Stunden & Kochstück** · Gesamtgehzeit: **55 Minuten**
Backzeit: **20 Minuten**

ZUTATEN

Kochstück

50 g	Roggenschrot
50 g	Weizenvollkornmehl
35 g	Leinsamen
15 g	Sesam
50 g	Haferflocken
270 g	heißes Wasser
14 g	Backmalz oder 1 TL Honig
20 g	Roggensauerteigbrotbrösel

Hauptteig

25 g	Germ
170 g	Wasser
500 g	glattes Weizenmehl
10 g	Backmalz
15 g	weiche Butter
15 g	Salz

ZUBEREITUNG

Die Zutaten für das Kochstück in einen Topf geben und unter Rühren so lange kochen, bis eine puddingartige Konsistenz entsteht. Vorerst bei Raumtemperatur und danach im Kühlschrank mindestens 2 Stunden auskühlen lassen. Das Kochstück kann man bis zu 3 Tage im Kühlschrank lagern.

Für den Hauptteig Germ und das Kochstück im Wasser auflösen. Danach mit allen anderen Zutaten in der Küchenmaschine oder von Hand mindestens 10 Minuten kneten. Aus dem Teig eine Rolle formen und in 16 Portionen (4 x 4 Stücke) teilen. Diese zu Kugeln formen und ca. 15 Minuten gehen lassen.
Die Kugeln zu Ovalen auswalken, zu Stangerln rollen und auf ein mit Backpapier belegtes Blech legen. Die fertigen Rollen mit Wasser bestreichen und mit Mohn, Sesam oder grobem Salz bestreuen. Mit einem Wellenschliffmesser schräg einschneiden, mit einem Tuch abdecken und 40 Minuten gehen lassen.
Anschließend im auf 230 °C vorgeheizten Backofen mit Schwaden backen. Nach 8 Minuten das Backrohr kurz öffnen, die Schwaden ablassen und die Kornstangerl noch 10–12 Minuten fertig backen.

Knäckebrot mit Roggensauerteig

aus vollem Korn

Art der Haltbarmachung: **Anfermentieren, Backen** · Aufwand: **80 Minuten**
Reifezeit: **1 Stunde** · Backzeit: **1 Stunde** · Haltbarkeit: **4–6 Wochen**

ZUTATEN

150 g	Roggenvollmehl
200 g	Sauerteig
180 g	Wasser
100 g	Haferflocken (Feinblatt)
60 g	Sesam
50 g	Leinsamen, geschrotet
60 g	Kürbiskerne, gehackt
60 g	Sonnenblumenkerne
50 g	Mandelblättchen
10 g	Salz
6 EL	Sonnenblumen- oder Rapsöl

ZUBEREITUNG

Den Sauerteig mit dem Wasser glatt rühren, die restlichen Zutaten untermischen und alles zu einem homogenen Teig verarbeiten.
Den fertigen Teig auf einem passend zugeschnittenen Backpapier (in der Größe des Backblechs) mithilfe einer Frischhaltefolie und einem Nudelholz dünn verteilen. Die Folie auf der Teigplatte belassen und den Teig mindestens 1 Stunde gehen lassen. Danach die Folie abziehen, den Teig mit einer Gabel einstechen und bei 200 °C Umluft 30 Minuten und noch einmal 30 Minuten bei 230 °C fertig backen.

Alles, was nussig schmeckt
Für das Knäckebrot kann man die Samen und Nüsse je nach Laune und Vorräten variieren. Wichtig ist jedoch, dass diese insgesamt 280 g wiegen. Uns schmeckt das Knäckebrot mit Hanfsamen besonders gut.

Für Körper & Geist
Idealer Snack für sportlich Aktive und Studierende!

Proviant für Pilger und Kreuzritter
Diese Lebkuchen gelten als klassisches Pilgergebäck. Sie sind nahrhaft, stärkend und als Gebäck ohne Eizugabe nahezu unbegrenzt haltbar.

Trockenfrüchte nach Geschmack variieren
Besonders fein schmecken getrocknete Marillen und getrocknete Cranberrys, aber auch Feigen und Birnen.

Fermentierter Lebkuchen

Lebkuchen, wie er bereits vor mehr als 200 Jahren zubereitet wurde

Art der Haltbarmachung: **Wildgärung (Fermentieren)** · Aufwand: **2 Stunden**
Reifezeit: **2 Monate (!) Vorteig** · Haltbarkeit: **fast unbegrenzt**

ZUTATEN

Vorteig

500 g	Honig
500 g	Melasse (vorzugsweise aus Rüben) oder 1 kg naturbelassener Honig
1 kg	Bio-Weizen- oder Dinkelmehl

Hauptteig

200 g	gemahlene Nüsse
200 g	kandierte Früchte, gemischt und sehr klein geschnitten
100 g	Rosinen, fein gehackt
100 g	Pflaumen, getrocknet und fein gehackt
1 TL	Vanillepulver
½ TL	Ingwerpulver
1 EL (gehäuft)	Lebkuchengewürz
1 EL	Hirschhornsalz
1 TL	Backpulver
100 ml	Milch

ZUBEREITUNG

Vorteig

Honig und Melasse oder nur Honig in einem Topf vorsichtig erwärmen (nicht über 40° C) und das Mehl unterrühren. Die Masse im Topf mit einem passenden Deckel zugedeckt einige Monate kühl lagern, so startet der langsame Gärprozess.

Hauptteig (2 Monate später)

Etwa die Hälfte des Vorteigs im Wasserbad (warmes Wasser auf dem Herd konstant warm halten und eine passende Schüssel hineinstellen) erwärmen. Der Honig im Teig soll sich verflüssigen und der Teig soll sehr weich werden. Das kann ein paar Stunden dauern.

Danach den erweichten Vorteig mit dem in Milch aufgelösten Hirschhornsalz und den übrigen Zutaten zusammenkneten. Zum Schluss die zweite Hälfte des Vorteigs (dieser ist noch sehr fest) sowie das in Milch aufgelöste Backpulver zugeben und alles zu einer homogenen Masse verkneten. Gegebenenfalls noch etwas Mehl oder Milch zugeben. Der Teig soll eher fest und klebrig sein.

Am besten formt man aus dem Teig kleine Kugeln (2 cm Durchmesser), setzt diese auf Backoblaten und backt sie bei 180 °C je nach Größe 10–15 Minuten.

Auf einem Gitter gut auskühlen lassen und in verschließbaren Blechdosen lagern.

Lebkuchen mit Roggensauerteig

nach einem alten Rezept aus dem Gebirge

Art der Haltbarmachung: **Fermentieren, Backen**
Aufwand: **45 Minuten** · Reifezeit: **12 Stunden** · Haltbarkeit: **1 Jahr**

ZUTATEN

- 300 g Roggenmehl
- 100 g Roggensauerteig
- 100 g geriebene Haselnüsse
- 2 Eier
- 150 ml Milch
- 300 g Honig
- 2 EL Lebkuchengewürz
- 1 Ei zum Bestreichen
- > Nüsse zum Belegen

ZUBEREITUNG

Milch und Honig vorsichtig erwärmen, die ganzen Eier einrühren. Die trockenen Zutaten miteinander vermischen und alle Zutaten zu einem Teig verkneten. Diesen nicht zu warm 12 Stunden reifen lassen. Den Teig auf ein mit Backpapier belegtes Blech aufstreichen, mit einem verquirlten Ei bestreichen, die einzelnen Portionsstücke vorsichtig mit einem Messer anzeichnen und mit Nüssen belegen. Bei 180 °C ca. 20 Minuten backen. In Stücke schneiden und in verschließbaren Behältern lagern.

Die richtige Wärme

Das Milch-Honig-Gemisch darf nicht zu warm sein (40 °C), damit das Eiweiß der Eier nicht gerinnt und die Bindefähigkeit nicht verloren geht. Wer möchte, kann dem Teig noch 80 g fein gehackte Trockenfrüchte untermischen.

Brottrunk – Kwas

Ein synbiotisches Gesundheitsgetränk

Art der Haltbarmachung: **Fermentieren**
Aufwand: **30 Minuten** · Reifezeit: **1 Nacht und 2 Tage** · Haltbarkeit: **6 Monate**

ZUTATEN

>	altes, trockenes Roggensauerteigbrot
4 l	abgekochtes Wasser oder Kräutertee
1 Prise	Steinsalz
125 g	Honig
1	Zitrone, Saft
>	etwas frischer Sauerteig

ZUBEREITUNG

Das harte Brot mit dem heißen Wasser oder Kräutertee, zum Beispiel Pfefferminztee, übergießen und bis zum nächsten Morgen ziehen lassen. Durch ein Tuch abseihen und das Brot gut ausdrücken. Salz, Honig, Zitronensaft und Sauerteig untermischen, gut umrühren, mit einem Tuch abdecken und nochmals 1–2 Tage fermentieren lassen. Dabei ab und zu umrühren. Wenn der Kwas blubbert, kann er in Flaschen abgefüllt werden. Um zu sehen, ob Kohlensäure entsteht, können Rosinen zugegeben werden. Diese steigen auf, wenn ein Überdruck entsteht. Nach der Bildung von etwas Kohlensäure werden die Flaschen in den Kühlschrank gestellt. Der Brottrunk ist ein gutes Erfrischungsgetränk für den Sommer oder eine Basis für Sommersuppen.

Synbiotikum

Der Brottrunk kann als bestes Synbiotikum bezeichnet werden. Er enthält lebende Milchsäurebakterien und dazu Ballaststoffe als Energiequelle für genau diese lebendigen Mikroben. Er vereint damit die probiotische und präbiotische Wirkung. Die Effekte auf die Verdauung lassen nicht lange auf sich warten. Bereits einige Stunden nach Genuss von einem halben Glas unerhitztem Brottrunk ist die Aktivierung der Verdauung spürbar.

Nussschnaps

Herber Magenschnaps aus grünen Walnüssen

Art der Haltbarmachung: **Fermentieren, Ansatzschnaps** · Aufwand: **20 Minuten**
Reifezeit: **2 Tage/6 Wochen/4 Monate** · Haltbarkeit: **5 Jahre**

ZUTATEN

2 l	Wodka mit etwa 40 Volumenprozent Alkohol
250 g	heller Rohrohrzucker
10 grüne	Walnüsse, Johanninüsse
etwas	Wermutkraut
15	Wacholderbeeren
1	Sternanis
1 EL	Leinsamen, ganz
1	Zimtrinde
ein paar	Nelken
1 Stk.	Ingwer

ZUBEREITUNG

Grüne Nüsse vierteln und 2 Tage im Schatten fermentieren lassen, mit Zucker und Korn in ein Gefäß füllen und 6 Wochen mit ein wenig Sonne ziehen lassen. Dabei das Glas immer wieder schwenken. Nun die Gewürze zugeben und bis Dezember weiterziehen lassen. Abseihen, mit Zucker auf die richtige Süße einstellen, nochmals 3–4 Tage stehen lassen und abfüllen.

Der traditionelle Magenschnaps
Den Nussschnaps zur Stärkung des Magens vor den Mahlzeiten trinken.

Bitter & schleimig
Wermut verstärkt die Bitterkeit des Nussschnapses, die Dosierung verlangt viel Gespür. Eher weniger als zu viel ist gefragt. Interessant ist auch der Zusatz von Leinsamen, die eine gewisse Milde durch Schleimstoffe in den Magenschnaps bringen.

Oxidieren & Zerlegen
Die grünen Nüsse werden an die Luft gelegt und beginnen zu oxidieren. Ihre Farbe schlägt in Dunkelbraun um. Solche Ruhe- und Reifezeiten finden wir oft in alten Rezepten und es ist erstaunlich, welchen Einfluss sie auf die Pflanzenwirkstoffe und damit auf das Aroma haben.

Fermentierte Walnüsse

befreien die Aromen aus den Gerbstoffen

Art der Haltbarmachung: **Fermentieren** · Aufwand: **20 Minuten**
Reifezeit: **12 Stunden** · Haltbarkeit: **mehrere Wochen**

ZUTATEN

300 g	Walnüsse (oder Mandeln, Cashewkerne u. a.)
5 TL	Salz
1,2 l	gefiltertes Wasser (zumindest abgekocht und abgekühlt)
3–4 EL	Walnussöl
2 EL	naturbelassener Honig

ZUBEREITUNG

Die Nüsse mit dem Salz gut vermischen, im gefilterten Wasser einweichen und 6 Stunden stehen lassen. Nusskerne abseihen, trocken tupfen und auf ein mit Backpapier belegtes Backblech geben und bei 180 °C ca. 30 Minuten rösten. Die Nüsse zwischendurch immer wieder durchmischen. Sobald diese sehr trocken sind und einen intensiven Duft entwickelt haben, aus dem Rohr nehmen und auskühlen lassen. Nüsse mit Öl, Honig und etwas Salz vermischen und mit einem Blitzhacker zu einem grobkörnigen Mus verarbeiten. In zwei passende Gläser füllen, mit Käseleinen abdecken und 6 Stunden offen bei Raumtemperatur stehen lassen. Danach die Gläser verschließen und kühl stellen.

Schneller denken

Nach der Signaturlehre zeigte die Walnuss in Form und Farbe deutlich an, dass sie gut für das Gehirn sei. Walnüsse galten bereits in der Antike als Nervennahrung. Tatsächlich liefern Walnüsse Omega-3-Fettsäuren, welche die Vernetzung von Nerven im Gehirn fördern und den Herzmuskel stärken.

Pikant oder süß

Dieses Nussmus kann sowohl pikant als auch in einer süßen Variante verwendet werden. Besonders gut schmeckt es zu Nudeln und Käse.

Schwarze fermentierte Walnüsse

Den Johanninüssen die Aromen entlocken

Art der Haltbarmachung: **Fermentieren** · Aufwand: **1,5 Stunden**
Reifezeit: **2 Wochen** · Haltbarkeit: **1 Jahr**

ZUTATEN

30	grüne Walnüsse, Johanninüsse
500 ml	Wasser

Sirup

500 ml	Wasser
350 g	Rohrohrzucker
4	Nelken
5 cm	Zimtrinde
½ TL	Vanille
1	Sternanis
1	Zitrone, Saft

ZUBEREITUNG

Die grünen Nüsse mit der Gabel anstechen und für 2 Wochen in kaltes Wasser legen. Zweimal am Tag wird das Wasser durch frisches getauscht. Die Farbe der Nüsse verändert sich von Tag zu Tag mehr in Richtung Schwarz. Danach die Nüsse für einige Minuten kochen und abseihen.
Die Zutaten für den Sirup aufkochen und 10 Minuten köcheln lassen. Die Nüsse dazugeben und im Sirup weich kochen. Dann die Nüsse mit dem Sirup in Gläser füllen und fest verschließen.

Johanninüsse

Der Johannitag (Johannisfest, Johannistag) ist am 24. Juni. Es ist die Zeit des Lichtes und der hellen Tage und auch die wichtigste Erntezeit des Johanniskrauts. Rund um diesen Tag werden die grünen, unreifen Walnüsse geerntet. Tatsächlich ist der Erntezeitpunkt der grünen Nüsse sehr entscheidend für Nussschnaps und fermentierte schwarze Nüsse. Der beste Moment ist der, an dem die Nüsse noch gut mit dem Messer auseinanderzuschneiden sind und sich die Umrisse der späteren Nuss schon gut abzeichnen.

Käse

Frischkäse aus Indien

Paneer oder Panir

Art der Haltbarmachung: **Fermentieren** · Aufwand: **30 Minuten**
Reifezeit: **3 Stunden** · Haltbarkeit: **1 Woche**

ZUTATEN

1,5 l	Vollmilch (Bio-Qualität)
1 Prise	Salz
6 EL	Zitronensaft

ZUBEREITUNG

Die gesalzene Milch in einem größeren Topf zum Kochen bringen und den Zitronensaft in die kochende Milch einrühren. Sobald sich Molke und Käsebruch trennen, den Topf vom Herd nehmen und zudecken. Nach ungefähr 15 Minuten den Käsebruch mit einem Lochschöpfer vorsichtig in ein mit einem Tuch ausgelegtes Sieb schöpfen und gut abtropfen lassen. Das befüllte Tuch fest mit einer Schnur abbinden, in ein Spülbecken geben und für 2–3 Stunden mit einem schweren Brett beschweren, damit die restliche Molke austreten kann.

Beschweren
Je schwerer das Gewicht ist und je länger die Masse beschwert wird, desto fester wird der Käse. Er hält sich gekühlt mindestens 5 Tage!

Eine Portion Eiweiß
Dieser Frischkäse wird in der indischen und ayurvedischen Küche auch gerne gegrillt oder am Ende der Kochzeit den Currys zugegeben.

Joghurtkäse

Frischkäse mit Safran

Art der Haltbarmachung: **Fermentieren** · Aufwand: **15 Minuten**
Reifezeit: **24 Stunden** · Haltbarkeit: **1 Woche**

ZUTATEN

500 g	Vollmilchjoghurt
1 TL	Meersalz
10	Safranfäden

ZUBEREITUNG

Alle Zutaten gut miteinander vermischen und abgedeckt eine Nacht kalt stellen. Ein mit einem feuchten Käseleinen ausgelegtes Sieb über eine Schüssel hängen und das aromatisierte Joghurt 30 Minuten abtropfen lassen. Danach das Tuch verknoten, einen Kochlöffelstiel durchstecken, den „Beutel" über einen hohen Topf hängen und die Molke über Nacht bei Zimmertemperatur abtropfen lassen. Den Frischkäse in einen Behälter füllen und kühl lagern.

Orientalische Note
Den Frischkäse mit etwas Kreuzkümmel und frisch gehackter Minze würzen.

Vielseitig
Der Joghurtkäse ist ein erfrischender Brotaufstrich, der auch sehr gut zu Blinis mit Räucherfisch schmeckt.

Kräuter & Gewürze

Kombucha

Elixier für ein langes Leben

Art der Haltbarmachung: **Fermentieren** · Aufwand: **20 Minuten**
Reifezeit : **4–10 Tage** · Haltbarkeit: **2 Wochen gekühlt**

ZUTATEN

2 EL (gehäuft)	Schwarzer Tee oder 6 Teebeutel
500 ml	heißes Wasser
120 g	heller Rohrohrzucker
1,5 l	kaltes Wasser
1	Schöpflöffel Kombucha-Pilz (Scoby)

ZUBEREITUNG

Den Schwarzen Tee mit heißem Wasser aufgießen und zugedeckt 15 Minuten ziehen lassen. Dann abseihen und den Zucker darin auflösen. Den noch heißen Tee mit dem kalten Wasser mischen und auf Zimmertemperatur abkühlen lassen. Die 2 Liter gesüßten Tee in ein großes Glas füllen, den Kombucha-Pilz zugeben, mit einem Tuch abdecken und an einen Platz mit Zimmertemperatur stellen. Es dauert jetzt etwa 7–12 Tage, bis der Kombucha fertig fermentiert ist. Der Geschmack des fertigen Getränks ist angenehm, leicht säuerlich und nicht mehr süß. Nach dem Abseihen wird der Kombucha gleich für die nächste Fermentation angesetzt.

Langsam beginnen
Ein halbes bis 2 Gläser Kombucha pro Tag als Getränk und als Begleitung zu den Mahlzeiten.

Gute Mikroben
Kombucha ist sehr bekömmlich und kann dauerhaft getrunken werden. Durch seine Mikrobenvielfalt reguliert er Verdauung und Stoffwechsel und hat einen positiven Einfluss auf die Psyche.

Kombucha 2. Fermentation

Aromatisch und spritzig

Art der Haltbarmachung: **Fermentieren** · Aufwand: **10 Minuten**
Reifezeit: **2 Tage** · Haltbarkeit: **einige Tage (gekühlt)**

ZUTATEN

2 EL Kräuter und Früchte pro 500 ml Kombucha:

> Erdbeere & Basilikum
> Rhabarber & Minze
> Ingwer & Wacholderbeeren
> Ingwer & Zitrone
> Rosmarin & Zitrone
> Schwarze Johannisbeere & Lavendel
> Safran & Dattel
> Kurkuma & Zitronengras
> Birne, Zimt & Nelke
> Pflaume & Zimt
> Feige & Vanille
> Ingwer & Gojibeere

ZUBEREITUNG

Mit der zweiten Fermentation wird der Kombucha aromatisiert und noch etwas spritziger gemacht. Dabei sind den Zusätzen kaum Grenzen gesetzt: Früchte, Kräuter oder Gewürze können dafür verwendet werden.
Den fertigen Kombucha natur mit den Aromazutaten in eine Glasflasche füllen und gut verschließen. Die zweite Fermentation dauert etwa 2 Tage. Es entsteht Kohlendioxid und damit auch etwas Druck in der Flasche. Am besten eignen sich Drahtbügelflaschen, weil hier der Überdruck entweichen kann. Nach dieser weiteren Fermentation ist der Kombucha genussfertig und kann einige Tage im Kühlschrank aufbewahrt werden.

Fermentierter Senf

Basissenf für jede Küche

Art der Haltbarmachung: **Fermentieren**
Aufwand: **10 Minuten** · Reifezeit : **3 Tage** · Haltbarkeit: **12 Monate**

ZUTATEN

25 g	Senfpulver
1 TL	feines Steinsalz, unbehandelt
½ TL	Knoblauchpulver
2 TL	naturbelassener Honig
125 ml	abgekochtes Wasser
1 EL	Molke oder Sauerkrautlake

ZUBEREITUNG

Alle Zutaten gut verrühren, in ein Einmachglas füllen und luftdicht verschließen, bei Zimmertemperatur 3 Tage fermentieren. Falls der Senf zu dick ist, etwas Wasser einrühren.

Kulinarisch heilsam
Bereits die Römer erzeugten Senf. Im Mittelalter galt er als durchblutungsförderndes Heilmittel. Heute wissen wir, wie die scharfen Senföle das machen. Senf wird deshalb auch für Fußbäder und Auflagen äußerlich angewendet.

Beigabe & Würze gleichermaßen
Der Senf ist nicht nur als Beigabe zu Würsten, Selchfleisch und kaltem Braten beliebt. Senf gehört zu den Grundzutaten bei der Herstellung von Sauce Vinaigrette und Mayonnaise.

Varianten
Dieser Basissenf lässt sich beliebig mit Kren, Bärlauch oder Früchten verfeinern und abwandeln.

Ingwer fein gesäuert

mit sanft-rosa Farbe

Art der Haltbarmachung: **Einlegen in Essig** · Aufwand: **30 Minuten**
Reifezeit : **1 Stunde/1 Monat** · Haltbarkeit: **6 Monate gekühlt**

ZUTATEN

160 g	frischer Ingwer, ungeschält
6 g	Salz

Lake

400 g	Wasser
60 g	Rohrohrzucker
20 g	Salz
60 g	Apfelessig

ZUBEREITUNG

Den frischen Ingwer hobeln, salzen und 1 Stunde ziehen lassen. Die Zutaten für die Lake mischen und den Ingwer in einem Schraubglas damit übergießen. Fest verschließen und 1 Monat ziehen lassen.

Servieren
Gesäuerter Ingwer schmeckt zu Käse und Karottenrohkost.

Schälen oder nicht schälen?
Frischer Ingwer hat eine dünne und weiche Haut, die zum Einlegen nicht entfernt werden muss. Heute wird Ingwer auch schon in Österreich und Deutschland in guter Qualität angebaut – und dieser regionale Ingwer erreicht schneller den Gemüsehändler.

Würzige Ingwerpaste

als vielseitige Würze

Art der Haltbarmachung: **Paste** · Aufwand: **10 Minuten**
Reifezeit : **sofort verwendbar** · Haltbarkeit: **4 Monate gekühlt**

ZUTATEN

50 g	Ingwer, geschält
1 kleines	Kurkumawurzelstück oder ½ TL Kurkumapulver
50 g	Knoblauchzehen, geschält
½ TL	Salz
1 TL	Sonnenblumenöl

ZUBEREITUNG

Alle Zutaten pürieren, in ein kleines, sauberes Glas füllen und im Kühlschrank aufbewahren.

Ingwer haltbar machen
Gerade in der kalten Jahreszeit hat man oft mehr Ingwer vorrätig und kann Restbestände so gut verwerten.

Würznoten für Curry, Suppen und Saucen
Gibt jedem Curry die gewünschte würzige Note!

Stabiles Ingweraroma
In dieser Würzpaste werden die verdauungsfördernden Scharfstoffe in ihrer Frischequalität erhalten und nicht so sehr umgebaut wie beim Trocknen.

Süße Ingwerpaste

als bittersüße Schärfe

Art der Haltbarmachung: **Einzuckern** · Aufwand: **10 Minuten**
Reifezeit : **sofort verwendbar** · Haltbarkeit: **4 Monate gekühlt**

ZUTATEN

100 g	Ingwer, geschält
200 g	Rohzucker, fein

ZUBEREITUNG

Den Ingwer mit dem Zucker sehr fein pürieren und in zwei kleine, saubere Gläser füllen. Im Kühlschrank lagern.

Süß-scharf
Diese süße Ingwerpaste passt auch in einen wärmenden Tee oder in den Weihnachtspunsch. Bitterstoffe aus dem Ingwer vereinen sich mit dem Zucker zur Bittersüße – ein unwiderstehlicher Genuss!

Möglichst dünn schälen
Ingwer lässt sich mit einem Löffel sehr gut dünn und sparsam abschälen.

Die Geschichte des Punsches
Punsch wird auf jedem Weihnachtsmarkt angeboten. Ursprünglich haben britische Seefahrer dieses indische Getränk im 17. Jahrhundert nach Europa gebracht.

Ingwersirup

Zitronig-scharfe Limonade

Art der Haltbarmachung: **Sirup** · Aufwand: **40 Minuten**
Reifezeit : **sofort genießbar** · Haltbarkeit: **1 Monat gekühlt**

ZUTATEN

1	Limette ganz, gewürfelt
½	Zitrone ganz, gewürfelt
¼ TL	Salz
180 g	frischer Ingwer, grob geraspelt
320 g	Rohrohrzucker
500 ml	Wasser
>	Zitronensaft nach Geschmack

ZUBEREITUNG

Limetten- und Zitronenwürfel, Salz, Ingwer, Zucker und Wasser 10 Minuten leicht köcheln lassen. Dann abseihen, mit Zitronensaft abschmecken und in eine saubere Flasche füllen. Der Ingwersirup hält im Kühlschrank bis zu 1 Monat.

Regionaler Ingwer
Ingwer mag subtropisches Klima: Warm und feucht hat er es besonders gern. Dennoch schaffen es österreichische und deutsche Gärtner, ihn in hervorragender Qualität zu kultivieren.

Ingwergetränk kalt & warm
Den Ingwersirup zum Trinken mit Wasser verdünnen oder für Mischungen verwenden.

Honigsirup

Harmonischer Kräutersirup

Art der Haltbarmachung: **Sirup**
Aufwand: **15 Minuten** · Ziehzeit : **24 Stunden** · Haltbarkeit: **8 Monate**

ZUTATEN

500 ml	Wasser
500 g	Honig
1 Bund	frischer Salbei
1 Bund	frische Pfefferminze
1 Bund	frische Zitronenmelisse

ZUBEREITUNG

Wasser und Honig aufkochen und abkühlen lassen. Salbei, Pfefferminze und Melisse hacken und in das Honigwasser einlegen. Den Ansatz 24 Stunden ziehen lassen und dann abseihen. In saubere Flaschen füllen und dunkel lagern.

Sauer abschmecken
Wer möchte, kann ein wenig Zitronensaft dazugeben. Der Honig enthält selbst feine Säuren, der extra Säurezusatz ist also nicht unbedingt nötig.

Honigsirup als Hustensaft
Der Honigsirup schmeckt nicht nur gut, er empfiehlt sich auch bei Halsweh und Husten, entweder mit warmem Wasser verdünnt oder im Tee. In der Volksmedizin gilt Honig als „Medizinpferd“, weil er Wirkstoffe gut einschleust. Tatsächlich enthält Honig viel freie Glucose, die intensiv bei der Aufnahme von Nährstoffen und Pflanzenwirkstoffen mithilft. Dazu kommt noch eine Vielfalt an organischen Säuren, die für das Mikrobiom von Mund und Hals eine energiereiche Nahrung sind. Sie säuern die Schleimhaut an und das gefällt den Lactobazillen und Bifidobakterien besonders.

Rosensirup

Duftende rote Köstlichkeit

Art der Haltbarmachung: **Sirup**
Aufwand: **40 Minuten** · Reifezeit : **12 Stunden** · Haltbarkeit: **8 Monate**

ZUTATEN

1 l	Wasser
4	Bio-Zitronen
20 g	Weinsäure
6 rote	Damascena-rosenblüten
2 TL	Hibiskus
500 g	Zucker

ZUBEREITUNG

Wasser aufkochen und abkühlen lassen. Saft von 4 Zitronen und ganze Schale von 2 Zitronen, Weinsäure, Rosenblüten und Hibiskus zugeben und über Nacht ziehen lassen. Am nächsten Morgen abseihen und mit dem Zucker erwärmen. Wenn er sich aufgelöst hat, den Rosensirup in saubere Flaschen füllen und gut verschließen. Der Rosensirup hält im Kühlschrank bis zu 1 Monat. Wenn er in die Vorratskammer gestellt werden soll, muss der Zuckeranteil auf 1 kg erhöht werden.

Das sanfte Rosenaroma

Mit viel Wasser oder Sodawasser verdünnt als Getränk genießen oder zum Aromatisieren für Desserts und Süßspeisen verwenden.

Wohlbefinden

Die rote Farbe der Rosenblüten ist wenig intensiv und verblasst beim Lagern. Hibiskus macht eine schöne, haltbare rote Farbe. Hibiskus dient jedoch nicht nur zum Färben, er hat zudem eine starke antioxidative Wirkung. In der amerikanischen Literatur wird ihm das höchste antioxidative Potenzial aller Lebensmittel zugeschrieben!

Basilikumsole

Feine salzige Sprühwürze

Art der Haltbarmachung: **Soleauszug**
Aufwand: **15 Minuten** · Reifezeit : **1 Woche** · Haltbarkeit: **4 Monate**

ZUTATEN

250 ml	Wasser
70 g	Steinsalz
5	frische Basilikumspitzen

ZUBEREITUNG

Das Wasser mit dem Salz erwärmen und abkühlen lassen. Mit dem Basilikum in eine Flasche füllen und 1 Woche ziehen lassen. Dann die Basilikumsole abseihen und in eine Sprühflasche füllen.

Salzen mit Basilikumaroma

Die reifen, roten Tomaten werden mit der Basilikumsole besprüht und schmecken so wunderbar aromatisch und leicht salzig!

Die gesättigte Sole

Eine gesättigte Sole hat ungefähr 26–27 Prozent Salz, das hängt von der Temperatur ab. Das wären bei einem Viertelliter Wasser 65–67 g Salz.
Die Angabe in der Zutatenliste sorgt also für einen leichten Salzüberschuss. Wer nicht gerne wiegt und lieber nach Gefühl werkt, achtet einfach darauf, dass ein Bodensatz an Salz bleibt, dann ist die Sole auf alle Fälle gesättigt.
In der Basilikumsole schwimmen Natrium und Chlor in gelöster Form herum, ionisiert sozusagen. So vermitteln sie uns den salzigen Geschmack am allerschnellsten. Das hat den großen Vorteil, dass wir wenig davon brauchen.

Wurzelwein

Bittersüßer wärmender Genuss

Art der Haltbarmachung: **kalter Weinauszug**
Aufwand: **15 Minuten** · Reifezeit : **7–10 Tage** · Haltbarkeit: **4 Monate**

ZUTATEN

3 TL	Ingwerwurzel, ungeschält und gewürfelt
1 TL	Löwenzahnwurzel, ungeschält und gewürfelt
2 TL	Galgantwurzelstücke
750 ml	Portwein

ZUBEREITUNG

Die Wurzeln mit dem Portwein übergießen, fest verschließen und 1 Woche bei Zimmertemperatur ziehen lassen.

Ein kleines Trinkritual
Ein Likörglas Wurzelwein wärmt und aktiviert.

Bittersüß
Die Bitterstoffe der Wurzeln treffen mit der Süße des Portweins zusammen. Das Geschmackspaar „bittersüß" spricht uns besonders an. Es lässt die Verdauungssäfte fließen und stärkt den Kreislauf. Der Wurzelwein verbindet Wohlgeschmack mit Gesundheit und bringt mit dem kleinen Ritual des Trinkens eine kurze Auszeit vom Alltag.

Wermut

selbst gemacht

Art der Haltbarmachung: **warm-kalter Weinauszug**
Aufwand: **30 Minuten** · Reifezeit : **1 Tag** · Haltbarkeit: **4 Monate**

ZUTATEN

4 EL (gehäuft)	Wermutkraut, getrocknet
950 ml	Grüner Veltliner
150 g	Rohrohrzucker
½	Zimtrinde
⅓ TL	Korianderkörner, angequetscht
5	Nelken, angequetscht
¼	Zitrone, mit Schale, gewürfelt
1	Muskatblüte
1	Sternanis
75 g	Weinbrand

ZUBEREITUNG

Den Wermut in einem Dreiviertelliter Grünem Veltliner ansetzen und 24 Stunden ziehen lassen. Den restlichen Veltliner mit Zucker, Zimt, Koriander, Nelken, Zitrone, Sternanis, Muskatblüte und Weinbrand 15 Minuten leicht köcheln und ebenfalls 24 Stunden ziehen lassen. Danach beides abseihen, mischen und in Flaschen füllen.

Wermut als Heilpflanze

Wermut wächst auch in feuchten, kalten Regionen gut und seine bittere Note ist kräftig und intensiv. Wir brauchen nur ganz kleine Mengen von diesem Kraut. Er wird in der Apotheke als *Amara aromaticum* bezeichnet: eine bittere Droge, die gleichzeitig ätherische Öle enthält. Diese durchbluten die Schleimhaut und reizen sie ein wenig, so wirken die Bitterstoffe noch intensiver. Wermut regt Magen und Galle an und bringt die Verdauung in Schwung.

Holundersprudel

Getränk aus fermentierten Blüten und Kräutern

Art der Haltbarmachung: **offen fermentierter Sprudel**
Aufwand: **20 Minuten** · Reifezeit : **2 Tage** · Haltbarkeit: **einige Tage gekühlt**

ZUTATEN

3	Dolden Holunderblüten
3 l	Wasser
60 g	Apfelessig
1	unbehandelte Zitrone, in Scheiben
300 g	Zucker

ZUBEREITUNG

Alle Zutaten in ein großes Weithalsglas geben und mit einem sauberen Tuch abdecken. Den Ansatz an einen Platz stellen, den keine weiteren fermentierten offenen Zubereitungen wie Kombucha oder Essig schon eingenommen haben. Der Ort sollte ungefähr Zimmertemperatur haben. Nach etwa 2 Tagen wird gekostet, ob das Getränk schon aromatisch duftet, fein säuerlich schmeckt und ob die Süße des Zuckers zum Großteil verschwunden ist. Dann wird abgeseiht, in Flaschen abgefüllt und im Kühlschrank gelagert. Der Hollersprudel wird gleich in den nächsten Tagen getrunken.

Leben ist Veränderung
Die Mikrobiologie-Vorlesung im Hörsaal der Boku in den 1980er-Jahren war spannend wie immer. Unergründlich schien uns Studierenden die Welt der Mikroben. Als wir auf den Hollersprudel zu sprechen kamen, gab es allerdings eine große Enttäuschung für uns: Der Professor warnte uns vor der unüberschaubaren mikrobiellen Vielfalt dieses Getränks und redete mehr als 1 Stunde auf uns ein, die Finger davon zu lassen!

Holundersirup

Der traditionsreiche Sirup für viele Anlässe

Art der Haltbarmachung: **Sirup**
Aufwand: **30 Minuten** · Reifezeit: **2 Tage** · Haltbarkeit: **8 Monate**

ZUTATEN

1 l	Wasser
1 kg	Zucker
25	Dolden Holunderblüten
1	Bio-Zitrone, Saft
40 g	Weinsäure (oder 35 g Zitronensäure)

ZUBEREITUNG

Das Wasser aufkochen, Zucker darin auflösen und abkühlen lassen. Blüten, Säure und Zitronensaft zugeben, zudecken und 2 Tage bei Zimmertemperatur ziehen lassen. Dann abseihen, nochmals auf 75 °C erwärmen und in saubere Flaschen füllen. Dunkel und kühl lagern.

Herausschwitzen
Holunderblüten regen zum Schwitzen an, so ist auch der Holunderblütensirup für Zeiten mit Fieber geeignet.

Die Holunderaromen verteilen
Holunderblütensirup zum Trinken mit kaltem Wasser stark verdünnen oder zum Süßen von Desserts oder Tee verwenden.

LONGDRINKS MIT HOLUNDERSIRUP

Hollermix alkoholfrei
2 cl Holunderblütensirup, 2 cl Gingersirup, 1 cl Minzsirup, mit Orangensaft auffüllen, frische Minze

Kaiser-Spritzer
125 ml Soda, 125 ml trockener Weißwein, 2 cl Holundersirup

Hugo im Ballonglas
2 cl Holunderblütensirup, 125 ml trockener Weißwein, 125 ml Sodawasser, Eiswürfel, 2 Scheiben Limette, frische Minze

Hugo alkoholfrei
100 ml Ginger Ale, 2 cl Holunderblütensirup, Saft von ½ Limette, 100 ml Soda, Eiswürfel, Minze

Campari-Holunder im gefrorenen Sektglas
2 cl Campari, 2 cl Holunderblütensirup, 6 cl trockener Sekt oder Soda, Eiswürfel, Minze

Holunder Fizz im Longdrink-Glas
4 cl Gin, 125 ml Soda, 2 cl Holunderblütensirup, 2 cl Zitronensaft

Holler-Gin-Tonic im Ballonglas
4 cl Gin, 2 cl Zitronensaft, 1 cl Holunderblütensirup, 200 ml Tonic

Tante Lilli im Weinglas
4 cl Lillet blanc, 1 cl Holunderblütensirup, 125 ml Soda oder Sekt, Eiswürfel, Gurkenscheibe

Wildkräuter

Bärlauchspargel

Mystische Bärlauchblütenknospen

Art der Haltbarmachung: **Fermentieren** · Aufwand: **20 Minuten**
Reifezeit: **1 Woche** · Haltbarkeit: **6 Monate**

ZUTATEN

1 TL	Pfefferkörner
1 TL	Piment
2 TL	Senfkörner
1 TL	Honig
2	Lorbeerblätter
1 l	Bärlauchstängel mit Blüten
500 ml	2-prozentige Salzlake

ZUBEREITUNG

Die Gewürze in das Gärglas geben und die Bärlauchstängel kranzförmig dicht einfüllen, sodass die Gewürze auf dem Boden des Glases bleiben. Stängel beschweren und mit Salzlake auffüllen. Glas verschließen und ungefähr 1 Woche bei Raumtemperatur stehen lassen.

Das feinere Bärlauchblütenaroma

Das Aroma von Bärlauch ist sauer und bitter. Seine scharfen Lauchöle sind dem Knoblauch ähnlich und doch hat er seine ganz eigene Note. Wir verwenden gerne Blüten, Knospen und Stängel, die feiner und nicht gar so frech schwefelig sind wie die Blätter.

Eindrucksvoll servieren

Ein belegtes Brot mit Schinken, Kren und Bärlauch, drapiert wie ein kleines Nest, mit einer gekochten Eihälfte ist eine überraschende Osterjause!

Bärlauchblütenessig

mit Überraschungsaroma

Art der Haltbarmachung: **Essigauszug** · Aufwand: **10 Minuten & Sammeln**
Ausziehzeit: **1 Woche** · Haltbarkeit: **8 Monate**

ZUTATEN

7	Bärlauchblüten
500 ml	Apfelessig, reiner Gärungsessig

ZUBEREITUNG

Die Bärlauchblüten sammeln, in eine Flasche geben und mit dem Essig übergießen. 1 Woche ziehen lassen. Die Blüten können in der Flasche bleiben.

Kugelige Bärlauchblüten
Ihr Aroma entwickelt sich im Essig besonders gut und sie machen ihn zur frühlingshaften Zutat für die ersten frischen Salate. Ist der Bärlauch längst verblüht, werden Schnittlauchblüten auf die gleiche Art eingelegt. Auch sie entwickeln ein erstaunliches Aroma mit feiner, zwiebeliger Schärfe.

Bärlauchpulver

würzt lauchig

Art der Haltbarmachung: **Trocknen** · Aufwand: **30 Minuten & Sammeln**
Trocknungszeit: **einige Stunden/Tage** · Haltbarkeit: **2 Jahre**

ZUTATEN

> Bärlauchblätter

ZUBEREITUNG

Die Bärlauchblätter bei trockenem Wetter sammeln und auf ein sauberes Tuch oder Gitter auflegen. Bei höchstens 40 °C trocknen, bis sie rascheltrocken sind. In der Kräutermühle oder im Mörser pulverisieren und in einem dunklen Glas gut verschlossen aufbewahren.

Löwenzahnsirup

Bittersüßer, sortenreiner Natursirup

Art der Haltbarmachung: **lang gekochter Sirup** · Aufwand: **2 Stunden**
Auszeihzeit: **sofort verwendbar** · Haltbarkeit: **2 Jahre**

ZUTATEN

250 g	Löwenzahnblüten
1 l	Wasser
3	Zitronen, in Scheiben
1 kg	Rohrohrzucker

ZUBEREITUNG

Die Löwenzahnblüten mit den Zitronen im Wasser ungefähr 20 Minuten köcheln lassen. Dann die Blütenköpfe und Zitronen abseihen und den Zucker zugeben. Diese Mischung so lange leicht köcheln lassen, bis die gewünschte Konsistenz erreicht ist. Durchgehend aufpassen, damit der Sirup nicht überkocht.

Erntezeitpunkt

Die strahlend gelben Löwenzahnblüten sind genau dann erntereif, wenn sie gerade aufblühen. Besser ist es also, noch halb geschlossene Blüten zu nehmen als solche, die schon zu welken beginnen. Löwenzahn hat Bitterstoffe in allen Pflanzenteilen, wobei diese in den Blüten etwas weniger stark ausgeprägt sind.

Honig von einer fleissigen Biene

Der Löwenzahnsirup begleitet mich schon fast ein Leben lang. Eine Kärntnerin hat mir in jungen Jahren beigebracht, wie dieser Honig zubereitet wird.

Bewegt & lässt fließen

Löwenzahn wird auch als „Europäischer Ginseng“ bezeichnet, weil er Bewegung in unseren Körper bringt, wo schon Starre herrscht. Er lässt alles wieder fließen, sogar die Gedanken! Die Blüten sind die mildeste Variante an Löwenzahnbitterstoffen. Bittersüß ist ein Geschmackspaar, das wir gerne mögen. Die Bitterstoffe regen die Verdauung an, sobald wir sie im Mund schmecken. Die Verdauungssäfte werden ausgeschüttet, was den Zucker als Energiequelle bestens verwertet.

Herb-bitter für's Butterbrot

Der Löwenzahnsirup passt auf das Butterbrot genauso wie zu Frischkäse.

Brennnesselsirup

Rosarotes Mango-Aroma

Art der Haltbarmachung: **Sirup**
Aufwand: **20 Minuten** · Auszienzeit: **1 Nacht** · Haltbarkeit: **8 Monate**

ZUTATEN

1 l	Wasser
25	Brennnesselspitzen
20 g	Weinsäure oder 15 g Zitronensäure
2	Zitronen, Saft
1 kg	weißer Zucker

ZUBEREITUNG

Das Wasser aufkochen, wieder abkühlen lassen und Brennnesselspitzen, Weinsäure und Zitronensaft dazugeben. Dann den Ansatz mit einem Tuch zudecken und über Nacht kühl stellen. Am nächsten Morgen abseihen. Mit dem Zucker leicht erwärmen, bis dieser sich aufgelöst hat.

Überflüssiges Wasser loswerden
Der Brennnesselsirup entwässert ähnlich gut wie der Brennnesseltee oder das Brennnesselwasser. Die Brennnessel ist ein Heilpflanzenwunder mit vielen Talenten. Herausragend ist ihr hoher Kaliumgehalt im Vergleich zu Natrium. Deshalb lässt sie das Wasser fließen.

Mango-Aroma
Den Brennnesselsirup mit viel Leitungswasser oder Mineralwasser verdünnt als Getränk servieren, das sogar ein leichtes Mango-Aroma mitbringt.

Grünes Chlorophyll
Brennnessel enthält alle Pflanzenfarben: sehr viel grünes Chlorophyll, orange Carotinoide und rosa Flavonoide. Mit dem sauren Ansatz holen wir besonders die Flavonoide aus ihr heraus, so färbt sich der Sirup meistens leicht rosa.

Brennnesselpulver

bringt Kraft und Ruhe gleichermaßen

Art der Haltbarmachung: **Trocknen** · Aufwand: **30 Minuten & Sammeln**
Ausziehzeit: **einige Stunden/Tage** · Haltbarkeit: **2 Jahre**

ZUTATEN

> Brennnesselspitzen von 10–15 cm Länge

ZUBEREITUNG

Die Brennnesselblätter bei trockenem Wetter sammeln und auf ein sauberes Tuch oder Gitter auflegen. Bei höchsten 40 °C trocknen, bis sie rascheltrocken sind. In der Kräutermühle oder im Mörser pulverisieren und in einem dunklen Glas gut verschlossen aufbewahren.

Rascheltrocken
Im Dörrgerät trocknen die Brennnesseln schnell, bei Lufttrocknung kann es, je nach Witterung, auch einige Tage dauern. Das Brennnesselpulver kann in Suppen, Saucen, Aufstriche, Smoothies, Pürees oder Eiergerichte eingerührt werden.

Geballte Grünkraft
Die Brennnessel ist die chlorophyllreichste Pflanze bei uns. Diese grüne Pflanzenfarbe schützt unsere DNA und repariert sogar deren Schäden. Zudem ist Brennnesselpulver reich an L-Tryptophan, das uns zur Ruhe verhilft. Bereits 1–2 EL Brennnesselpulver wirken spürbar beruhigend. Die Brennnessel enthält viel mehr Kalium als Natrium und hilft uns dadurch, zu entwässern.

Maiwipfelsirup

Eine herb-bittere Delikatesse

Art der Haltbarmachung: **lang gekochter Sirup** · Aufwand: **3–4 Stunden**
Auszıehzeit: **sofort verwendbar** · Haltbarkeit: **2 Jahre**

ZUTATEN

1 Teil	junge, hellgrüne Fichtentriebe
4 Teile	Wasser
3 Teile	Zucker

ZUBEREITUNG

Die jungen Triebe im Wasser 30 Minuten köcheln lassen. Dann die Wipfel abseihen, die sich braungrün verfärbt haben. Die Flüssigkeit mit dem Zucker 2–3 Stunden weiterkochen, bis sie die gewünschte Konsistenz erreicht hat. Aber Vorsicht, es kocht leicht über!

Lang gekocht

Das Köcheln holt große Gerbstoffe und gut gebundene Pflanzenwirkstoffe wie Flavonoide aus den jungen Trieben. Beim langen Einkochen entsteht das fantastische karamellige Aroma.

Von zähflüssig bis halbfest

Die jungen Triebe sind säuerlich. Wer möchte, kann dennoch ein wenig Zitronensaft dazugeben. Die gewünschte Konsistenz geht von zähflüssig als Süßungsmittel für Getränke, Saucen, Suppen und Marinaden bis zu honigartig als Aufstrich oder Glasur.

Fichtendelikatesse am Esstisch

Der Maiwipfelsirup schmeckt köstlich süß-herb und harzig. Er süßt den Tee, aromatisiert das Butterbrot und macht den Frischkäse zu einer Delikatesse. Ich mag ihn ganz besonders zum Schotten, einer Pinzgauer Frischkäsespezialität.

Gegen Husten & Bronchitis

Der Maiwipfelsirup ist ein wertvoller Hustensaft, der ganz besonders bei Bronchitis hilft. Die Harze haben eine entzündungshemmende und zusammenziehende Wirkung.

Maiwipfel-Sauerhonig

Oxymel mit einem Riesenspektrum an Säuren

Art der Haltbarmachung: **Sauerhonig – Oxymel** · Aufwand: **30 Minuten**
Ausziehzeit: **2 Wochen** · Haltbarkeit: **6 Monate**

ZUTATEN

20 g	frische Maiwipfel
150 g	Apfelessig
1 EL	gehackte Limette mit Schale
1 EL	getrocknete Rosenblüten
250 g	Honig

ZUBEREITUNG

Die jungen, hellgrünen Triebe der Fichten hacken und zusammen mit Limetten und Rosenblüten mit Apfelessig übergießen. Fest verschließen und 2 Wochen ziehen lassen. Dann abseihen, den Honig einrühren und in eine dunkle Flasche füllen.

Variantenreich
Zitrone und Verbene oder Zitrone und Marille fügen sich ebenfalls harmonisch in die Mischung mit Maiwipfeln.

Süßsaures Getränk
Mit viel Wasser oder Sodawasser verdünnt als Erfrischung genießen.

Die inneren Werte der Maiwipfel
Die jungen Triebe der Fichte enthalten ein breites Spektrum an organischen Säuren und Harzen. Säuren fördern das Mikrobiom auf der Schleimhaut und Harze nehmen eine Auslese vor. Nicht alle Mikroben halten die Harzsäuren aus.

Gesundheit & Mikrobiom

Diesen Hustensaft halten wir für den allerbesten, den es gibt. Er liefert zu den Pflanzenwirkstoffen aus den Heilkräutern auch noch unzählige gute Bakterien. So wird das Mikrobiom im Hals optimal besiedelt und die Heilung erleichtert. In dieser Qualität gibt es ihn nicht zu kaufen.

Fermentierter Hustensaft

Die beste aller Halsarzneien

Art der Haltbarmachung: **Fermentieren** · Aufwand: **1 Stunde**
Ausziehzeit: **3 Monate** · Haltbarkeit: **2 Jahre**

ZUTATEN

- Kandiszucker
- frische Spitzwegerichblätter vor der Blüte
- junge, buschige, hellgrüne Fichtentriebe
- Salbeiblätter
- Thymiankraut

ZUBEREITUNG

Kandiszucker und Kräuter in 1 cm dicken Schichten in ein 1-Liter-Glas schichten, festdrücken und verschließen. Einige Wochen lang kann das Glas nachgefüllt werden, wenn sich der Inhalt absenkt. Dann reift der Hustensaft im fest verschlossenen Glas bis Oktober bei gleichmäßiger Temperatur vor sich hin. Das Glas kann entweder ost- oder westseitig ans Fenster gestellt oder in die Erde eingegraben werden. Im Herbst den braunen Sirup abpressen, das ist eine ziemlich klebrige Angelegenheit. Den zähen Hustensaft in eine dunkle Glasflasche füllen.

Diesmal mit viel Zucker
Bei diesem Hustensaft ist es wichtig, einen Zuckerüberschuss zu verwenden, sonst beginnt er zu schimmeln. Doch wenn er gelingt, hält er fast ewig!

Weniger ist mehr
Löffelspitzenweise bei Husten, Halsschmerzen oder gereiztem Hals essen.

Langsam fermentiert
Unsichtbar arbeiten die Mikroben im Glas. Sie zerlegen die großen Moleküle der Gerbstoffe aus Spitzwegerich und Salbei und entfalten dabei wundervolle Aromen. Die ätherischen Öle und die Harze aus den Heilkräutern werden vom Zucker gebunden und festgehalten. Die große Stärke des Kandiszuckers liegt in seiner Luftigkeit. Er schafft optimale Bedingungen für die Fermentation. Mit Kristallzucker oder Honig klumpen die Pflanzen zusammen.

BEZUGSQUELLEN

Starterkulturen und Fermente

Apfeltrester als Starthilfe
Obstpresse Bramberg
5733 Bramberg am Wildkogel
www.epfoe-genuss.at
www.obstpresse.at

Aurora Fermente
Kombucha-Pilz, Wasserkefir-Kristalle, Essigmutter
1060 Wien, Stumpergasse 1A
www.augora.at

Original Kombucha
Badstraße 15
82433 Bad Kohlgrub
www.original-kombucha.de

Fermentierte Würzsaucen

Genusskoarl
Marie-Curie-Straße 8
2120 Wolkersdorf
www.genusskoarl.at

Fermentiergewichte

Keramikwerkstatt
Michael Weißensteiner
Loferer Straße 46
5760 Saalfelden
www.keramikweinkuehler.at

Verpackungen und Gläser

Etivera Verpackungen, Glas und Etiketten
Innovationspark 3
8321 St. Margarethen/R.
www.etivera.at

Gläser und Flaschen
Bremer Ring 11
14641 Wustermark
www.glaeserundflaschen.de

LITERATUR

Bauer K., Lazelsberger R., Lenger H., Macher R.: **Küchenführung und Servierkunde, 2. Auflage**, Trauner, Linz 1987.

Biesalski H. K., Bischoff S. C., Pirlich M., Weimann A.: **Ernährungsmedizin. Nach dem neuen Curriculum Ernährungsmedizin der Bundesärztekammer. 5.**, vollständig überarbeitete und erweiterte Auflage, Thieme, Stuttgart 2018.

Buchart K.: **Essig natürlich vergoren.** Servus Verlag bei Benevento Publishing, Salzburg/München 2021.

Buchart K.: **Nutrazeutika. Heilende Nahrungsmittel, Kräuter und Gewürze.** TRIAS Verlag in Georg Thieme Verlag KG, Stuttgart 2023.

Ebermann R., Elmadfa I.: **Lehrbuch Lebensmittelchemie und Ernährung. 2. Auflage.** Springer, Wien/New York 2011.

Karlin M.: **Das große Buch vom Fermentieren.** AT Verlag, Aarau/München 2015.

Metka M.: **Obst, Gemüse und Co. Wissen häppchenweise.** Maudrich, Wien 2018.

Müller-Auffermann K., Thormann J., Hutzler M., Jacob F.: **Fermentierte Getränke aus aller Welt.** Forschungszentrum Weihenstephan für Brau- und Lebensmittelqualität, Freising. Brauwelt, Nr. 30-31, 2013.

Segnit N.: **Der Geschmacks-Thesaurus. Ideen, Rezepte und Kombinationen für die kreative Küche.** Piper Verlag GmbH, München 2020.

Vierich T., Vilgis T.: **Aroma.** Stiftung Warentest, Berlin 2017.

Vierich T., Vilgis T.: **Aroma Gemüse.** Stiftung Warentest, Berlin 2017.

STICHWORTVERZEICHNIS

DANKE!

Viele Wegbegleiter:innen haben uns zur alternativen Vorratshaltung und zu innovativen Rezepten inspiriert: eine ganze Reihe an Produzent:innen und Köch:innen, von Christl Kurz, der genialen Köchin aus Berchtesgaden, bis Hans Webersberger, dem passionierten Natur- und Gesundheitskoch. Viele haben Anstöße gegeben, wie Margret Wöhrer, und andere, wie Waltraud Galle, haben den gesamten Entstehungsprozess begleitet. Wieder andere halfen, wo unser Wissen endete, wie etwa bei den Longdrinks mit Holundersirup, die Sridi aus seinem Fundus holte, bei technischen Problemen, die Martin Rehbein schnell löste und bei der wundervollen Fotolocation, die uns Familie Schmidhuber, Holzbauer in Bergheim, zur Verfügung stellte!

ÜBER DIE AUTORINNEN

Margit Brauneder

war lange Zeit Fachvorständin an der HBLW Saalfelden für Ernährung und Ernährungswirtschaft und ist Absolventin des Universtitätslehrganges Gastrosophische Wissenschaften in Salzburg. Sie hat in dieser Zeit viel Erfahrung gesammelt und innovative Projekte wie „Brot backen an der HBLW Saalfelden, Traditionelles Wissen modern interpretiert", ein Leaderprojekt in Zusammenarbeit mit der HTL Saalfelden und „Sapori Alpini", ein Interregprojekt Pinzgau, Südtirol und Belluno, durchgeführt. Sie ist Initiatorin des Ausbildungsschwerpunktes GEOS (Gesundheits- und Ernährungskompetenz mit ökologischer und sozialer Verantwortung) an der HBLW Saalfelden.

Karin Buchart

hat nach dem Studium der Ernährungswissenschaften an der Universität Wien die Diät- und Lehrküche einer Reha-Klinik in Bayern geleitet. In ihrer Doktorarbeit *Biogene Arzneimittel im Salzburger Pinzgau* bearbeitete sie das alte Heilwissen und die Esskultur ihrer Heimat. Sie beschäftigt sich intensiv mit Nutrazeutika – selbst hergestellte Naturarzneien aus Lebensmitteln – für Gesundheitsberufe. Dafür thematisiert sie die Pflanzenwirkstoffe unserer Nahrungsmittel, bringt sie in eine bioverfügbare, wirksame und alltagstaugliche Form und beschreibt deren Anwendungsmöglichkeiten. Karin Buchart ist Lehrbeauftragte an der Universität Salzburg, Autorin mehrerer Bücher sowie Kolumnistin. www.buchart.at

IMPRESSUM

1. Auflage

Gesetzt aus der Angie Pro und der New Atten

Medieninhaber, Verleger und Herausgeber:
Red Bull Media House GmbH
Oberst-Lepperdinger-Straße 11–15
5071 Wals bei Salzburg, Österreich

Umschlaggestaltung, Design und Satz: Lisa Haunschmid
Coverfoto und Fotos Innenteil: Michael Brauer
Illustrationen: Lisa Haunschmid
Lektorat: Elisabeth Skardarasy, Sophia Angerer

Printed in Slovakia by Neografia
ISBN 978-3-7104-0356-9

MIX
Papier | Fördert gute Waldnutzung
FSC® C020353